梵華樓藏寶・唐卡

目錄

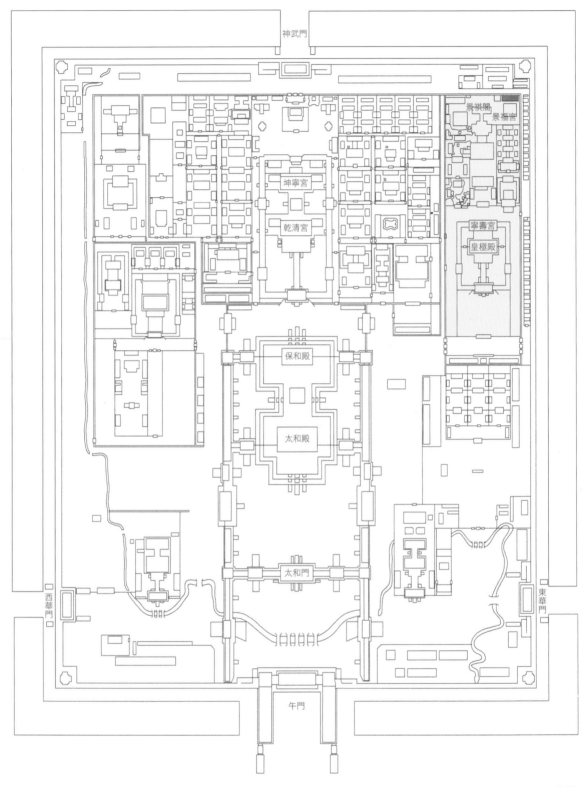

神武門

景祺閣
景福宮

寧壽宮
皇極殿

坤寧宮

乾清宮

保和殿

太和殿

西華門

東華門

太和門

午門

圖1 故宮博物院平面圖

寧壽宮景區 ■ 梵華樓

梵華樓唐卡珍藏

王家鵬

　　梵華樓為紫禁城內一處重要的藏傳佛教神殿，位於紫禁城甯壽宮內東北隅，是甯壽宮區建築群內的一座佛堂建築。是紫禁城內一處重要的藏傳佛教神殿。至今仍基本保持著清代乾隆時期的原貌，建築完好，文物陳設齊整。乾隆三十七年（1772）始建，乾隆四十一年（1776）建成，清代稱之為「妙吉祥大寶樓」、「六品佛樓」，是清宮廷佛堂中一種重要模式。與此樓相同的佛堂，京內外共有八座：長春園含經堂梵香樓、承德避暑山莊珠源寺眾香樓、承德普陀宗乘寺大紅台西群樓，須彌福壽寺妙高莊嚴西群樓。紫禁城中有四座：梵華樓、寶相樓、慧曜樓、淡遠樓。現在只有梵華樓保存最完好，現存文物一千零五十八件，包括了佛像、唐卡、法器、佛塔諸多文物，以六品佛樓的形式把顯宗、密宗四部祭祀的壇場完整的表現出來。這種獨特的建築形式，目前看是國內僅存的，是清代內地藏傳佛教的重要文化遺存。從建築到文物構成一個凝固的歷史空間，使得二百多年前的歷史形態得以完整保留，是研究清代宮廷藏傳佛教文化形態的標本。對於清代漢藏佛教文化藝術交流研究、清代的民族與宗教關係研究亦有重要意義。

　　我們今天習稱的「唐卡」是藏語的譯音，指各種質地的卷軸畫，主要畫在布面上，用綢緞裝裱，色澤亮麗，流光溢彩，具有鮮明的藏族藝術特色，是西藏佛教繪畫藝術中的重要組成部分。梵華樓中珍藏眾多藏傳佛教文物中，唐卡是其重要內容。在清代宮廷檔案裡沒有見到「唐卡」的叫法，而是稱之為「畫像佛」。根據唐卡的使用方式又分為「畫像」與「掛像」兩類，「畫像」平時不掛，收供在佛堂的箱櫃中；「掛像」長期掛在佛堂壁上。掛像唐卡按牆壁尺寸訂製，只縫錦緞窄邊，不留天地，不裝畫軸，畫幅覆蓋整個壁面，近似於壁畫。北京、承德等地的清代皇家寺廟殿堂內繪飾的壁畫很少，在需要畫壁畫處懸掛

這種壁畫式唐卡，是宮廷唐卡的獨特形式。梵華樓內懸掛的唐卡就是「掛像」。清代宮廷檔案《活計檔》中記載有：

太監胡世杰交五輩達賴喇嘛掛像一軸，畫像達賴喇嘛一軸。傳旨將畫像喇嘛照掛像喇嘛一樣成做。太監胡世杰交黃素片金邊、紅黃片金牙子畫像釋迦佛一軸，羅漢四軸，隨紫檀木描金軸頭，傳旨照大邊添黃素片金包首，照吉雲樓收供佛像一樣寫四樣字白綾簽，得時歸入吉雲樓佛像箱內。①

故宮所藏的唐卡大部分是收藏在箱櫃中的「畫像」，所以至今大多品相完好，色澤如新。如佛日樓佛堂供案前有兩個箱子，是專供存放唐卡的，其中曾收藏著一百多幅「畫像」唐卡。而長期掛在佛堂中的唐卡，有些至今仍保持著原初的狀態，給我們留下了寶貴的歷史資訊，對瞭解清代宮廷藏傳佛堂內佛像的組合配置，提供了重要的實物依據。

梵華樓內唐卡即按建築格局，依據房間內壁寬窄高矮尺度繪製。梵華樓上下兩層，內七開間，明間以外的六室，代表藏傳佛教修行的六個部分，清代宮廷稱之為「六品佛樓」。六室由西向東依次是：一室般若品、二室無上陽體根本品、三室無上陰體根本品，四室瑜伽根本品、五室德行根本品、六室功行根本品。室內按照藏傳佛教顯宗即般若品；密宗四部中事部即功行根本品；行部即德行根本品；瑜伽部即瑜伽根本品；無上瑜伽部分為兩品，即無上陽體根本品、無上陰體根本品，合計為六品，按此供設佛塔、佛像、畫像、供器、法器。樓上六室供六品銅佛，每室北壁掛畫像唐卡一幅，上彩繪九尊六品佛，共計五十四尊六品佛。樓下六室正中供琺瑯大佛塔，北、西、東三面牆上掛畫像唐卡三幅，每幅畫像繪三位護法神，以北壁正中者為主神，左右八位為伴神，每室九位護法神。樓下六室總計十八幅唐卡，共計五十四尊護法神。

梵華樓樓下明間為釋迦牟尼佛堂，室內正中供旃檀佛銅立像，高210公分，是紫禁城佛堂中最高大的一尊銅佛像。環旃檀佛北、西、東三面牆掛供釋迦牟尼源流本生故事畫像九幅，每面牆掛三幅畫像，聯裱為一大幅。清代宮廷檔案中稱這一組畫像為「釋迦牟尼源流」。畫像內容源於《菩薩本生如意藤》（簡

---

① 中國第一歷史檔案館乾隆十二年《活計檔》。

稱《如意藤》）一書，作者是 12 世紀喀什米爾詩人迦濕彌多（Kesmendra）用優美的詩歌體撰寫。13 世紀後由藏族翻譯家譯成藏文流傳，藏文譯者是 13 世紀的藏族大譯師雄頓‧多吉堅贊。《菩薩本生如意藤》全書共一百零八品，又稱《釋迦牟尼佛百行傳》。作者集錄其他經論中的本生故事，內容是釋迦牟尼佛向弟子們講述他前七世曾為國王、婆羅門、商人、動物，行善積德利益眾生的故事。闡明佛教濟度世人的教義，講釋迦牟尼修「六度行」的故事。《菩薩本生如意藤》故事題材在西藏十分流行，許多寺院都有佛本生故事壁畫、唐卡流傳。

梵華樓〈釋迦牟尼源流〉畫幅正中繪釋迦牟尼佛坐像，環繞釋迦佛四周，描述一百零八品佛本生故事。故事內容複雜人物眾多，情節曲折跌宕起伏，有的故事內容簡單，有的則故事冗長，枝蔓繁多，畫家把複雜的文字轉換成圖像，選取最典型的情節，巧妙地分布在各個畫面上。每品故事之間，以山石樹木、建築等景物為分界，分割自然疏密有致。雖人物眾多，場景多變，但能和諧安置在一個畫幅中，經營布置井然有序，線條繁密而層次分明。畫幅採用了中心式與回環式相結合的構圖方法，刻畫出生動的人物姿態，衣紋飄帶轉折自如，與典型的西藏唐卡藝術風格不同之處，在構圖上顯得更為舒朗空闊。在場景的描繪上，大量採用國畫青綠山水技法，飛瀑流泉蜿蜒曲折，花草樹木多姿多彩，山石皴擦堅實有力。人物服飾為漢地與西藏式樣的雜糅。所繪建築是比例準確的清代官式建築，反映了清宮廷中正殿畫佛處畫師漢藏結合的鮮明藝術風格。

梵華樓樓上明間為宗喀巴佛堂，供奉西藏佛教格魯派（黃教）祖師宗喀巴木雕金漆座像。北、西、東三面牆掛三幅宗喀巴傳記畫像，清宮檔案稱之為「宗喀巴源流」。宗喀巴（1357-1419）本名洛桑扎巴，生於青海湟中，藏語稱湟中地區為宗喀，故尊稱為宗喀巴，他幼年時從曲吉頓珠仁欽出家，學習顯密教法九年，十六歲赴藏深造，先後在前後藏投名師求法，對五論、五明、顯密教造詣精深。1409 年在拉薩創辦大祈願法會，同年在拉薩東達孜縣建甘丹寺，逐漸形成西藏佛教格魯教派。這三幅宗喀巴源流大畫像，中心位置畫宗喀巴肖像，周圍以散點透視的方法，畫眾多小畫面，畫面之間用白色卷草紋、綠樹、山石自然分割，每一小畫面或幾幅小畫面，表述一段宗喀巴傳記故事。小畫面的內容多為是大師端坐中央講經說法，弟子圍坐聽經學法，背景是寺院建築與青山

綠水，生動描繪了宗喀巴一生弘法的事蹟。由於畫面沒有文字題記，畫面內容目前尚難全部確認，只能辨識部分內容。

繪製這些畫像唐卡的畫師是何人呢，我們在清宮檔案中尋覓到有關記載：

乾隆三十九年，九月三十日，太監胡世杰傳旨：中正殿畫佛處現畫熱河、寶諦寺文殊菩薩源流十三軸，並梵華樓安供六根本佛像三十軸，得時著造辦處托裱，欽此。

乾隆三十九年，初八日，太監胡世杰交宗喀巴源流三張，門斗二張，畫像根本佛六張（梵華樓樓上，原注）。畫像十八張，門洞紅積護法一張（梵華樓下）傳旨：著照慧曜樓現供畫像一樣鑲紅洋錦邊，先挑錦呈覽欽此。於四十年四月初四日，員外郎四德、庫掌五德、筆帖式福慶為鑲做新建梵華樓上下六品佛護法並宗喀巴源流等掛像佛三十軸，挑得內庫紅洋錦八匹，持進交太監胡世杰呈覽奉旨：准用，欽此。[2]

中正殿全稱為「中正殿念經處」，成立於康熙三十六年（1697），是清代宮廷內專門管理藏傳佛教事物的機構，負責操辦宮廷內喇嘛念經、祭祀等佛事活動。清宮廷在紫禁城內及皇家園囿內修建了眾多藏傳佛教殿堂，每座佛殿都要供設大量佛像、佛畫、法器、供器，辦造佛像也是中正殿的主要任務。「中正殿畫佛處」就是其屬下負責繪畫佛像的部門。畫佛處中有畫佛喇嘛多名，按照皇帝旨意繪畫佛像。由從文物檔案中偶然出現的名字看是藏族、蒙族喇嘛畫師，如故宮所藏佛像唐卡題記與檔案中記載：

乾隆五十一年十二月二十六日，中正殿畫佛達喇嘛扎克巴多爾濟恭進利益畫像吉祥天母。[3]

著首領尹國泰交畫佛喇嘛阿旺嘉穆錯繪畫慧曜樓安供佛像三十軸，太監厄魯里交御容佛像一張，中正殿畫佛喇嘛西拉畫。[4]

---

② 中國第一歷史檔案館乾隆三十九年《活計檔》。

③ 見故宮博物院編，王家鵬主編：《故宮唐卡圖典》，圖131〈釋迦牟尼佛〉題記，紫禁城出版社，2010年。

④ 中國第一歷史檔案館乾隆年《旨意題頭底檔》。

由名字可以看出「扎克巴多爾濟」、「阿旺嘉穆錯」、「西拉」是藏、蒙民族的喇嘛畫師，副達喇嘛扎克巴多爾濟地位較高，可能是當時畫佛處的主持人。同時還有其他宮廷畫師和外國的西洋畫師也參與宮廷唐卡的繪製。梵華樓畫像唐卡是中正殿畫佛處喇嘛畫師遵照乾隆皇帝的指示，按照紫禁城內的另一處六品佛樓慧曜樓畫像內容、規格繪製裝裱的唐卡。

梵華樓共計掛供繪畫佛像四十二幅，其中有成堂的佛祖釋迦牟尼源流組畫，教祖宗喀巴源流組畫；繪畫了五十四尊六品佛主尊像，五十四尊六品護法神像，以及四尊單幅的護法神像，在這狹窄的建築空間中，集合了藏傳佛教供奉的顯密教主要神像，體現出其神系龐大，形象豐富多彩的特點。諸佛菩薩的部位都有周密設計，層次分明排列謹嚴。同時在上下十二室門斗上貼有說語，藍色磁青紙泥金字，漢滿蒙藏四種文字說明，記載每品佛門供奉佛像名稱、所依經典，共計二十四張，清宮檔案記載了說語的來歷：

乾隆四十一年，十二月初九日，員外郎四德、庫掌五德來說，太監常寧傳旨：著金會同董五經將寧壽宮梵華樓上、樓下六品佛門十二座照慧曜樓門斗上現貼磁青紙四樣泥金字說語一樣辦寫二十四張，其紙向懋勤殿用，其漢字著翰林寫。其餘三樣字交章嘉胡土克圖辦寫。欽此。……將護法掛軸分位，著按假門筒，上邊貼四樣字佛說。⑤

不僅佛像供設嚴整，還要加上四種文字的說明，我們可以想見，乾隆皇帝如此精心之意，是想以此表達出他對宮廷佛堂法脈正統、法相莊嚴的虔敬追求，對藏傳佛教教理的深刻理解虔誠修法的態度。四種文字的說語，也正好成為我們今天研究梵華樓建築格局、神像配置的關鍵材料。梵華樓的佛像、畫像，將顯宗密宗造像集於一體，塑造出藏傳佛教諸佛菩薩護法的各種形象，紀年準確，系統完整，充分顯示出清代宮廷佛堂不同於民間寺院的鮮明特點，對於藏傳佛教圖像學研究，佛像、唐卡藝術研究，都有著重要的參考價值。

---

⑤ 中國第一歷史檔案館藏《活計檔》，膠片號 131、132，案卷號 3599。

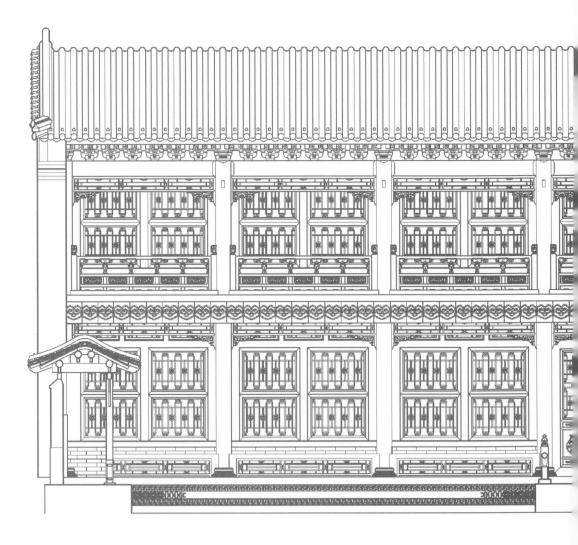

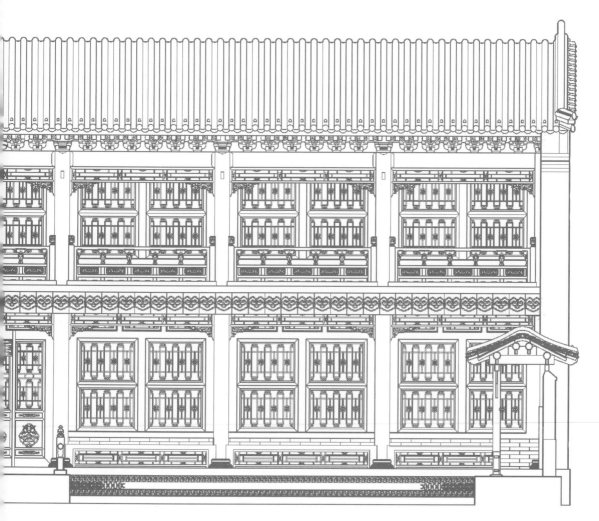

圖 2 梵華樓正立面圖

11

● 圖3　梵華樓外景

圖4　梵華樓正門

一 釋迦牟尼源流畫像

梵華樓明間樓下為釋迦牟尼佛堂，室內正中供旃檀佛銅像，周圍牆上掛供釋迦牟尼本生故事畫像。畫像內容是釋迦牟尼在前世中無數次修行轉世的故事，宣揚釋迦牟尼的各種善行。故事曲折，情節生動，包含著鮮明的善惡觀念和豐富的倫理思想。以尸毗王割肉貿鴿、月光王施頭、九色鹿拯救溺人等一個個膾炙人口的動人故事，教人處世之道，或諷刺統治者，或嘲笑外道，或宣傳忍讓、犧牲，更多的是在宣揚世法平等、眾生皆可成佛等佛教教義。

以本生故事為題材的藝術形式有繪畫、雕塑多種多樣，藏傳佛教寺院中多有根據《菩薩本生如意藤》一百零八品故事繪畫的壁畫、唐卡。有單幅畫、也有組合畫、連環畫各種形式。

圖 5　錦邊畫像佛

此為明間樓下錦邊畫像佛。其中三幅為一組釋
迦牟尼源流畫像，分別掛供於北、西、東三壁，
覆蓋整面牆壁。畫像布本，設色，每張均由三
個單幅畫面組成，以紅色織金緞合併裝裱為全
幅。

另二幅不動金剛畫像、手持金剛畫像分別掛供
於樓下西門和東門上方，亦布本，設色，四周
鑲紅色織金緞邊，並壓硬木框。五幅畫像色彩
皆有剝落，裱邊皆有磨損。

圖 5　錦邊畫像佛

圖 6　釋迦牟尼源流畫像（一）

整幅畫像縱 226 公分，橫 335 公分。

F7XH：1（故 200019 2/3）

畫像掛供於北壁。由中、右、左三個單幅畫面
組成。釋迦牟尼的本生故事散見於大、小乘三
藏十二部等各類經籍中，卷帙浩繁，清宮稱此
類題材作「釋迦牟尼源流」。

本套畫像以繪畫場景表現釋迦牟尼本生故事，
不同故事以雲朵、山石、流泉、樹木、建築等
作為分界。情節選取簡約，未輔文字，因此使
許多故事的釋讀困難，目前只能釋讀部分內容。

圖 6　釋迦牟尼源流畫像（一）

圖 7　釋迦牟尼源流畫像（一）中幅

畫心縱 159 公分，橫 86 公分。

畫像正中繪釋迦牟尼佛，黃色身，螺髮高髻，寂靜相。頭後有綠色圓形頭光。披紅色金花通肩袈裟，身後有內藍色、外綠色圓形放射狀身光。左手施禪定印，右手施觸地印。全跏趺坐於仰覆蓮台上。蓮座後為尖拱形背光，邊緣飾以黃、綠、粉三色卷雲寶珠紋。蓮座下承須彌台座，雙獅莊嚴。台座正前方設供案一張，上正中供法輪，左右供盤內盛花果。

主尊正上方繪無量壽佛，紅色身，寂靜相。頭戴五葉冠，葫蘆形髮髻，繫黃色束髮繒帶。頭後有綠色圓形頭光。上身披綠色帛帶，下著黃裳。佩飾耳璫、項鍊、瓔珞、臂釧、手鐲、腳鐲等。雙手於腹前施禪定印，掌心上托金色寶瓶。

身後有綠色圓形身光。全跏趺坐在粉色仰蓮座上，蓮座浮於祥雲之上。

主尊身側侍立二隨行弟子，身左雙手捧缽者為阿難，右側雙手合十的年長者為摩訶迦葉。二人皆寂靜相，頭後有粉色圓形頭光，披通肩袈裟，赤足立岩石上，身後有青綠色舟形放射狀身光。

主尊正下方分左右繪兩隊禮佛儀仗，拱簇金輪，乃喻指「輪王七政寶」，即正中所繪為金輪寶，其左捧珠女眷代表摩尼與玉女二寶，旁峨冠博帶者指藏臣寶，其身後繪白象寶，右側相對應的位置則繪有紺馬寶。畫幅最前景的披甲武士則指兵臣（將軍）寶。畫幅右上方繪佛陀本生故事「摩訶薩以身飼虎」（參見《賢愚經》第二品）等故事數則。

圖 7-3
釋迦牟尼源流畫像（一）中幅

圖 8 釋迦牟尼源流畫像（一）右幅

<u>畫心縱 159 公分，橫 86 公分。</u>

畫像正中繪釋迦牟尼佛，暗色身，螺髮高髻，寂靜相。頭後有綠色圓形頭光。披通肩紅色田相袈裟。身後繪綠、藍、青、黃四色圓形放射狀身光。左手施禪定印，右手施觸地印。全跏趺坐於仰覆蓮底座上。蓮座後為尖拱形背光，邊緣飾以黃、深綠、粉、淺綠四色卷雲寶珠紋。蓮座下為方形須彌座，飾雙獅。台座正前方擺放供案一張，上正中供法輪，左右供盤內盛花果。

畫像正上方繪無量壽佛，紅色身，寂靜相。頭戴五葉冠，葫蘆形髮髻，繫紅色束髮繒帶。頭後有青色圓形頭光。祖露上身，披綠色帛帶，下著紅裙。佩飾耳璫、項鍊、瓔珞、臂釧、手鐲、腳鐲等。雙手於腹前相疊施禪定印，上托寶瓶。全跏趺坐在白色仰蓮座上。身後有內綠色、外粉色圓形放射狀身光。尊像整體為彩虹式光圈包圍。環繞主尊所繪為「王子普渡」（畫面右下，參見《如意藤——釋迦牟尼百行傳》第 24 節）等本生故事數則。

圖 8-3
釋迦牟尼源流畫像（一）右幅

圖9　釋迦牟尼源流畫像（一）左幅

畫心縱 159 公分，橫 86 公分。

畫像正中繪釋迦牟尼佛，黃色身，螺髮高髻，寂靜相。頭後有綠色圓形頭光。身披紅色通肩袈裟，身後有內藍色、外綠色圓形放射狀身光。左手施禪定印，右手施觸地印。全跏趺坐於仰覆蓮底座上。蓮座後為尖拱形背光，邊飾卷雲寶珠紋。蓮座下為飾以雙獅紋的須彌台座。台座正前方擺放供案一張，上正中供法輪，左右供盤內盛花果。

畫像上方居中繪無量壽佛，紅色身，寂靜相。頭戴五葉冠，葫蘆形髮髻。頭後有綠色圓形頭光。祖上身，披綠色帛帶，下身著紅裙。佩耳璫、項鍊、瓔珞、臂釧、手鐲、腳鐲等為飾。雙手於腹前施禪定印，上托寶瓶。身後有綠色圓形放射狀身光，全跏趺坐在白色仰蓮座上。周圍飾以祥雲。畫像其他地方則繪「兔子之事」（畫面右側，參見《如意藤——釋迦牟尼百行傳》第 104 節）等本生故事數則。

圖 9-3
釋迦牟尼源流畫像（一）左幅

圖9-4　釋迦牟尼源流畫像（一）左幅

圖 10　釋迦牟尼源流畫像（二）

整幅畫像縱 226 公分，橫 309 公分。

F7XH：2（故 200019 3/3）

此為明間樓下掛供於西壁的錦邊畫像佛。亦由中、右、左三個單幅畫面組成。

圖 10　釋迦牟尼源流畫像（二）

圖 11　釋迦牟尼源流畫像（二）中幅

畫心縱 159 公分公分，橫 86 公分。

畫像正中繪釋迦牟尼佛，為暗黃色身，螺髮高髻，寂靜相。頭後有綠色圓形頭光。著通肩紅色描花袈裟。身後有內藍色、中綠色、外黃色圓形放射狀身光。左手施禪定印，右手施觸地印。全跏趺坐於仰覆蓮座上。蓮座尖拱形背光，邊緣飾卷雲寶珠紋，祥雲烘托。蓮座下承雙獅須彌座。台座正前方擺放供案一張，上供法輪、花果等。

畫面正上方繪無量壽佛，紅色身，寂靜相。頭戴五葉冠，葫蘆形髮髻，束藍繒帶。頭後有綠色圓形頭光。袒露上身，披綠帛，下身著黃色裙。全身佩耳璫、項鍊、瓔珞、臂釧、手鐲、腳鐲等。雙手於腹前結禪定印，手托寶瓶。全跏趺坐於在粉白色仰蓮座上。後倚藍色圓形身光，環飾祥雲。畫面四隅繪釋迦牟尼本生故事四則。

圖 11-3
釋迦牟尼源流畫像（二）中幅

圖 12　釋迦牟尼源流畫像（二）右幅

畫心縱 159，橫 86 公分。

畫像正中繪釋迦牟尼佛，黃色身，螺髮高髻，寂靜相。頭後有綠色圓形頭光。身著通肩紅色碎花紋袈裟。身後有內藍色、外綠色圓形放射狀身光。左手施禪定印，右手施觸地印。全跏趺坐於仰覆蓮座上。後倚紅色尖拱形背光，邊緣飾四色卷雲寶珠紋，祥雲環繞。蓮座下為須彌獅子座。

台座正前方陳供案一張，上供法輪、花果。

主尊上方繪無量壽佛，紅色身，寂靜相。頭戴五葉冠，葫蘆形髮髻，束繒帶。頭後有黃色圓形頭光。袒上身，披帛帶，飾瓔珞，下著黃裙。佩耳璫、項鍊、臂釧、手鐲、腳鐲。雙手平置腹前施禪定印，掌上托寶瓶。全跏趺坐於粉色蓮台上。身光藍色，金彩四射，周邊括以彩虹狀光圈。畫像餘處繪「金毛獸之事」等本生故事數則。

圖 12-3

釋迦牟尼源流畫像（二）右幅

圖 13　釋迦牟尼源流畫像（二）左幅

畫心縱 159 公分，橫 86 公分。

畫像正中繪釋迦牟尼佛，白色身，螺髮高髻，寂靜相。頭後有綠色圓形頭光。披紅色團花通肩袈裟。身光呈內藍色、外綠色圓形放射狀。左手施禪定印，右手施觸地印。全跏趺坐於仰覆蓮台上。座後紅色尖拱形背光，四色卷雲寶珠紋邊飾，周圍襯以雲朵。蓮座下為雙獅須彌座。座前擺放供案，上供法輪、花果。

畫像正上方粉白色祥雲中繪有無量壽佛，紅色身，寂靜相。頭戴五葉冠，葫蘆形髮髻，束繪帶。頭後有黃色圓形頭光。上身披綠帛，下衣黃裙。周身佩飾耳璫、項鍊、瓔珞、臂釧、手鐲、腳鐲。雙手施禪定印，手托寶瓶。全跏趺坐於粉色仰蓮座上。圓形黃色頭光，藍色身光，三色光圈包圍全身。畫面四角各繪一小型場景，述釋迦牟尼本生故事，餘大片空處以山水填補。

圖 13-3

釋迦牟尼源流畫像（二）左幅

圖13-4 釋迦牟尼說法圖（二） 左幅

圖14　釋迦牟尼源流畫像（三）

整幅畫像縱 226 公分，橫 309 公分。

F7XH：3（故 200019 1/3）

此為明間樓下掛供於東壁的錦邊畫像佛。亦由中、右、左三個單幅畫面組成。

圖 14　釋迦牟尼源流畫像（三）

圖 15-1　釋迦牟尼源流畫像（三）中幅局部

圖 15-2　釋迦牟尼源流畫像（三）中幅局部

圖 15　釋迦牟尼源流畫像（三）中幅

畫心縱 159 公分，橫 86 公分。

畫像正中繪釋迦牟尼佛，黃色身，螺髮高髻，寂靜相。頭後有綠色圓形頭光。身著紅色團花紋通肩袈裟，身後有內粉色、外黃色圓形放射狀身光。左手施禪定印，右手施觸地印。全跏趺坐於仰覆須彌座上。下承雙獅須彌座，蓮座後繪紅色尖拱形背光，邊緣飾卷雲寶珠紋，狀如歡門，祥雲

簇擁。台座正前供案上供法輪、花果等物。

畫像正上方繪無量壽佛，紅色身，寂靜相。頭戴五葉冠，葫蘆形髮髻，繒帶束髮。頭後綠色圓形頭光。袒露上身，肩披綠色帛帶，下身穿暗黃色裙。佩飾耳璫、項鍊、瓔珞、臂釧、手鐲、腳鐲等。雙手於腹前施禪定印，掌心上托寶瓶。全跏趺坐於仰蓮座上。身後藍色圓形放射狀身光，周邊畫有三色光圈。釋迦本生故事數則繪於畫像四周。

圖 15-3
釋迦牟尼源流畫像（三）中幅

圖 15-4 釋迦牟尼源流畫像（三九）中幅

圖 16　釋迦牟尼源流畫像（三）右幅

畫心縱 159 公分，橫 86 公分。

畫像正中繪釋迦牟尼佛，白色身，螺髮高髻，寂靜相。頭後有綠色圓形頭光。身著通肩紅色碎花袈裟，身後有內粉色、外黃色圓形放射狀身光。左手結禪定印，右手結觸地印。全跏趺坐在彩色仰覆蓮台上。後倚紅色尖拱形背光，邊緣飾雜色卷雲寶珠紋，圍以祥雲。蓮台安雙獅須彌座上，座前置供案，上供法輪、花果等。

畫像上方正中繪無量壽佛，紅色身，寂靜相。頭戴五葉冠，高髮髻，繫繒帶。頭後有青綠色圓形頭光。上身袒露，披綠色帛帶，下著黃裙。飾耳璫、項鍊、瓔珞、臂釧、手鐲等。雙手結禪定印於腹前，托寶瓶。全跏趺坐於蓮台上。身光青藍，虹光圈括全像。畫面上下邊分別繪「水牛王忍獼猴辱」（畫面左下，參見《經律異相》卷 47）等釋迦佛本生故事。

圖 16-3
釋迦牟尼源流畫像（三）右幅

圖 17 釋迦牟尼源流畫像（三）左幅

畫心縱 159 公分，橫 86 公分。

畫像正中繪釋迦牟尼佛，赭黃色身，螺髮高髻，寂靜相。頭後有綠色圓形頭光。身披赭色通肩袈裟，滿繪金色勾雲紋飾。身後有內明外暗圓形放射狀身光。左手施禪定印，右手結觸地印。全跏趺坐式，下托仰覆蓮台，背倚尖拱形背光，浮雲環繞。雙獅須彌座前方擺放供案一張，桌上中安法輪，左右各供花果一盤。

畫像正上方繪無量壽佛，紅色身，寂靜相。頭戴五葉冠，

葫蘆形髮髻，繪帶束髮。頭後有黃色圓形頭光。袒上身，嚴飾瓔珞，帛帶飄垂，下著黃裙。全身佩飾耳璫、項鍊、臂釧、手鐲、腳鐲等。雙手重疊腹前結禪定印，掌心托持寶瓶。全跏趺坐於粉色仰蓮上。藍色圓形身光，像周虹光包圍。畫面周匝繪「嘎喜太子之事」（畫面右下，參見《如意藤——釋迦牟尼百行傳》第 30 節）、「大象之事」（畫面左上，參見《如意藤——釋迦牟尼百行傳》第 96 節）等本生故事數則。

圖 17-3
釋迦牟尼源流畫像（三）左幅

二 宗喀巴源流畫像與說帖

梵華樓明間樓上為宗喀巴佛堂，供奉藏傳佛教格魯派祖師宗喀巴木雕金漆像。北、西、東三面牆掛三大幅宗喀巴源流畫像，全面的描述了宗喀巴大師一生事蹟。宗喀巴，法名羅桑扎巴，藏傳佛教格魯派開山祖師，元至正十七年（1357源流年）誕生於今青海省湟中縣魯沙鎮塔爾寺所在地。七歲出家，十六歲奉師命往衛藏學法，遊學前藏後藏，廣參名師，學習噶丹、噶舉、薩迦、夏魯等各教派法要和顯密經典，以噶丹派教義為立說之本綜合大小乘各派顯密教法，著書立說，形成自己的佛學思想體系，創立格魯派，講經收徒弘傳格魯教法，創建格魯寺院，提倡嚴守戒律，整飭佛教，開展宗教社會活動。永樂十七年（1419）十月二十五日圓寂於拉薩甘丹寺，年六十三歲。是中國佛教史上影響深遠的一代宗師，佛教思想家，哲學家。三幅宗喀巴源流畫像中心位置畫宗喀巴肖像，周圍以散點透視的方法，畫眾多小畫面，畫面之間用白色卷草紋，綠樹、山石自然分割，每一小畫面，或幾幅小畫面表述一段宗喀巴傳記故事。小畫面的內容多為大師端坐中央講經說法，弟子圍坐聽經學法。背景是寺院建築與青山綠水。

圖18　錦邊畫像佛

此為明間樓上掛供的錦邊畫像佛五幅。其中三幅為一組宗喀巴源流畫像，分別掛供於北、西、東三壁。這是專門根據牆壁尺寸繪製，覆蓋整面牆壁。布本，設色，四周鑲紅色織金錦邊。色彩有剝落，錦邊有磨損。

另二幅分別為孔雀佛母畫像和隨求佛母畫像，掛供於西門和東門上方。布本，設色，四周鑲紅色織金錦邊，並壓硬木框。色彩剝落嚴重，錦邊有磨損。

檔案中記錄了畫像的製作情況：

（乾隆三十九年十二月燈裁作）初八日員外郎四德、庫掌五德、筆貼式福慶來說，太監胡世杰交：宗喀巴源流三張、門斗二張、畫像根本佛六張，梵華樓樓上；畫像護法十八張、門洞紅積護法一張，梵華樓樓下。傳旨：著照慧曜樓現供畫像佛一樣鑲紅洋錦邊，先挑錦呈覽。欽此。於四十年四月初四日員外郎四德、庫掌五德、筆帖式福慶為鑲做新建梵華樓上下六品佛護法並宗喀巴源流等掛像佛三十軸，挑得內庫紅洋錦八匹持進，交太監胡世杰呈覽。奉旨：准用。欽此。

圖 18　錦邊畫像佛

圖 19　宗喀巴源流畫像（一）

<u>縱 172 公分，橫 295 公分。</u>

<u>F7SH：1（故 200000 2/3）</u>

此為明間樓上掛供於北壁的錦邊畫像佛。正中為一較大宗喀巴畫像，白色身，一面二臂，頭戴黃帽，寂靜相。頭

後有綠色圓形頭光。內著紅色右衽僧衣，外披黃色袒右肩式袈裟，右肩搭覆袈裟一角。雙手於胸前施轉法輪印，並各執蓮花枝，蓮花置於雙肩，左肩蓮花花心上托經卷，右肩蓮花花心上托藍色寶劍，寶劍前端飾黃色火焰。全跏趺坐於單層仰蓮底座上。身後有內藍色、外黃色圓形身光，

圖 19-1　宗喀巴源流畫像（一）

繪金色光線，周圍飾纏枝花草紋。蓮座前溪水中生出蓮花
一支，花心上托藍色缽一件，缽內生出花果。正中宗喀巴
畫像的左右兩側還對稱繪有兩幅較小宗喀巴像。畫面其餘
地方滿繪宗喀巴傳記故事，基本按照畫幅橫寬水準分布約
五十餘幅小畫面。可確認的小畫面有如下幾幅。

圖 19-2　宗喀巴源流畫像（一）局部　　　　　　　　　　　　　圖 19-3　宗喀巴源流畫像（一）局部

圖 19-2.　畫幅的中間下部繪頭戴黑色噶舉僧人端坐中間，
座前面跪一小僧，身後站立一男一女，手捧哈達致禮，身
邊放著成包的財物。此為宗喀巴三歲時，噶瑪噶舉派黑帽
活佛饒必多吉受元順帝召請，自藏進京，路經西寧，宗喀
巴父母攜他往謁，並請他為宗喀巴受近事戒。

圖 19-3.　畫幅的右邊宗喀巴小像的下部繪一敞開的房間，
房內炕上宗喀巴父母二人盤腿對坐。母親懷中抱著嬰兒宗
喀巴，炕前一侍者雙手捧一大碗食物，宗喀巴父親伸手預
接食物。描繪了宗喀巴嬰兒時的情景。

圖 19-4　宗喀巴源流畫像（一）局部

圖 19-4.　宗喀巴家房子的左側一位幼小的童僧合十跪坐，
他面前一位老僧手持插有孔雀羽的奔巴壺為他灌頂。這個
畫面表現了宗喀巴父母應噶丹派大喇嘛頓珠仁欽之請，把
幼童宗喀巴交給他教養，宗喀巴七歲時在甲瓊寺出家，師
從頓珠仁欽學經十年。

圖 19-5　宗喀巴源流畫像（一）局部

圖 19-5.　畫幅全圖的左上角有妙音佛母像，宗喀巴端坐像
前，一僧跪捧哈達敬禮。描述了宗喀巴三十四歲時應烏瑪
巴上師的請求與他會面，烏瑪巴在宗喀巴座前求得妙音佛
母的隨賜灌頂。

圖 19-6　宗喀巴源流畫像（一）局部

圖 19-7　宗喀巴源流畫像（一）局部

圖 19-8　宗喀巴源流畫像（一）局部

圖 19-9　宗喀巴源流畫像（一）局部

圖20 宗喀巴源流畫像（二）

縱 172 公分，橫 308 公分。

F7SH：2（故 200000 1/3）

此為明間樓上畫像掛供於西壁的錦邊畫像佛。正中為宗喀
巴畫像，白色身，一面二臂，面朝左側，寂靜相。頭後有

綠色圓形頭光。內著紅色右袒僧衣，外披黃色大袍。雙手
胸前合十。全跏趺坐於木座上。木座靠背兩側頂端飾藍色
寶珠，木座周圍飾綠色祥雲，雲中繪文殊菩薩像。畫面其
餘地方滿繪宗喀巴傳記故事，基本按照畫幅橫寬水準分布
約四十餘幅小畫面。可確認的小畫面有如下幾幅。

60

圖 20-1 宗喀巴源流畫像（二）

圖 20-2. 畫幅右側中間繪文殊菩薩像，宗喀巴和一位喇嘛對坐談話，前面擺放供品。此圖描繪了宗喀巴三十六歲時同喇嘛烏瑪巴一起前往拉薩朝禮大昭寺釋迦牟尼佛像後返回噶瓦棟寺，在修法時，由烏瑪巴作翻譯，宗喀巴在文殊菩薩近前聽受了許多教法，並啟問了大量的疑難問題。

圖 20-3. 畫幅中間右上部宗喀巴與八人乘船出行。此圖表現的是宗喀巴三十八歲時師徒九人乘船順水到沃卡，在那一年的冬季和次年的春季駐錫沃卡卻隆寺。

圖 20-4. 畫幅左下角宗喀巴面帶微笑端坐，身旁有六位漢裝使者，其中四位頭戴烏紗帽，他們正向宗喀巴獻禮，把成匹的綢緞等各色禮物，遞送給宗喀巴的侍從。此圖表現的是明永樂六年（1408）宗喀巴五十一歲，永樂帝遣使至藏，詔請宗喀巴進京。大師與明廷四位金冊使者在沙拉其頂相見，接受詔書和禮物，並給永樂帝回獻了禮物，上書婉辭，說明不能奉詔進京的理由，表達了對朝廷的忠順誠悃之情。

圖 20-2 宗喀巴源流畫像（二）局部

圖 20-3 宗喀巴源流畫像（二）局部　　　　圖 20-4 宗喀巴源流畫像（二）

圖 20-5. 畫幅左下邊描繪了明永樂七年
（1409）由宗喀巴創辦主持、在拉薩大昭寺舉
行大祈願會、成千上萬僧俗群眾來赴法會的隆
重場面。大昭寺整體布局為矩形，中心建築外
是一圈紅色圍牆，圍牆外是一圈轉經道、圍房。
中央佛殿修葺一新，殿內供三世佛像，正中為
釋迦牟尼大像，佛像頭戴金五佛冠，為宗喀巴
供獻。宗喀巴坐在內轉經道正前方傘蓋下，為
僧眾講經，眾多僧人圍坐聽講。內轉經道上人
頭攢動，外轉經道上人們排成長隊行走轉經，
從服飾上看都是在家的俗人。大昭寺門前繪一
人高大的紅色供櫃，櫃前放置四個大燈缸，內
有粗大的燈芯，供燃燈之用。

圖 20-5　宗喀巴源流畫像（二）局部

圖 20-6　宗喀巴源流畫像（二）局部

圖 20-7　宗喀巴源流畫像（二）局部

圖 20-8　宗喀巴源流畫像（二）局部

圖 20-9　宗喀巴源流畫像（二）局部

圖 21 宗喀巴源流畫像（三）

縱 172 公分，橫 308 公分。

F7SH：3（故 200000 3/3）

此為明間樓上掛供於東壁的錦邊畫像佛。正中為宗喀巴畫像，白色身，一面二臂，面朝右側，寂靜相。頭後有藍色

圓形頭光。內著紅色右衽僧衣，外披袒右肩式袈裟，右肩搭覆袈裟一角。左手施禪定印，右手施觸地印。全跏趺坐於須彌座上。其右上方繪有一日輪，日輪內文殊菩薩全跏趺坐在白色蓮座上。文殊菩薩左手持一柄藍色長劍，劍尖連接宗喀巴胸前。此像含義據宗喀巴傳記中解釋，宗喀巴

圖 21-1　宗喀巴源流畫像（三）

曾屢次親見文殊菩薩，有諸佛菩薩圍繞文殊胸間，從內向外刺出的劍柄，連接宗喀巴胸間的劍端，有甘露水流從文殊心間的劍上連續不斷的流注於宗喀巴的心中。木須彌座的靠背兩側頂端飾綠色寶珠。木座周圍飾綠、白、藍、紅四色祥雲。畫面其餘地方滿繪宗喀巴傳記故事。基本按照

畫幅橫寬水準分布約三十幅小畫面。可確認的小畫面有如下幾幅。

圖 21-2　宗喀巴源流畫像（三）局部

圖 21-2　畫幅右下部宗喀巴坐在中間講經，左右兩位大喇
嘛陪同，十多位僧人圍坐成半圓聽講。此為宗喀巴四十五歲
時與仁達瓦、賈喬貝桑布會晤於襄孜頂寺，與各寺來此僧眾
六百多人共作夏安居，舉辦法會。三位大師宣講《戒經》，
重新制定寺規戒條，從戒律入手整飭佛教。這是宗喀巴提倡
戒律的一次較大的法會，是他改革佛教的一個重要步驟。

圖 21-3　宗喀巴源流畫像（三）局部

圖 21-3　畫幅中間上部繪幾位工匠在合泥、搬石頭、砌磚牆，天空中有三十五尊佛。室內有一畫師在畫壁畫，清晰可見畫的是文殊菩薩。旁邊佛殿中供奉著彌勒佛站像，一位僧人手持一件衣服要給彌勒佛像披上。再右邊繪彌勒垂腳坐像。在這多幅畫面組成的倒三角形區域下部，繪有兩位俗人向宗喀巴奉獻財物、宗喀巴為弟子灌頂、宗喀巴說法等幾幅小圖。它們共同表現的是宗喀巴三十七歲時，率弟子到沃卡朝拜精其寺彌勒像，於像前設供並發願。因精其寺年久失修，寺像頹蕪，第二年宗喀巴勸化沃卡宗本重修精其寺，其殿堂彩畫由宗喀巴師徒募化承辦。宗喀巴作彌勒佛贊文及發願文，並以全套出家衣物等供養於彌勒像身。宗喀巴主持作開光法事，給具緣十餘弟子傳授了文殊祕密大灌頂。

圖 21-4　宗喀巴源流畫像（三）局部　　　　　　　　　　　　　　圖 21-5　宗喀巴源流畫像（三）局部

圖 21-4　畫幅中間左下部圓光環內繪妙音佛母像，宗喀巴　　　圖 21-5　畫幅的右上角描述宗喀巴圓寂後，僧眾們奉安大
坐在妙音佛母前誦經。此圖表現的是宗喀巴三十二歲時念　　　師遺體於甘丹寺新建的大銀塔中。大師著僧衣全跏趺安坐
修妙音佛母，在桑浦親見妙音佛母。　　　　　　　　　　　　於塔瓶中，七彩祥光圍繞大師身體。七位弟子跪坐塔前誦
　　　　　　　　　　　　　　　　　　　　　　　　　　　　經祈禱。深藍色天空飄著大朵的天雨瑞花，眾多天女在空
　　　　　　　　　　　　　　　　　　　　　　　　　　　　中奏樂。

圖 21-6　宗喀巴源流畫像（三）局部

圖 21-7　宗喀巴源流畫像（三）局部

圖 21-8　宗喀巴源流畫像（三）局部

圖 21-9　宗喀巴源流畫像（三）局部

三 六品佛畫像與說帖

梵華樓明間樓上為宗喀巴佛堂。明間左、右三室是六品佛供壇，每室室內正中是天井圍欄，北壁設供案，上供九尊銅佛，均為坐像，是六品佛主尊，像高 31 公分，六室共五十四尊。各室銅像後壁掛彩色畫像，每幅高 149 公分，寬282 公分，畫面集中描繪九位元主尊佛畫像，與供案上的九尊銅佛一一對應。銅佛是圓雕，以立體的形象表現神佛的慈悲與威猛，但色彩單一，而畫像則以靈動的線條和斑斕的色彩，使得六品佛的形象更為鮮明生動。

在這狹窄的建築空間中，集合了藏傳佛教供奉的顯密教主要神像，體現出其神系龐大、形象豐富多彩的特點。諸佛菩薩的部位都有周密安排。

梵華樓除明間外的上、下十二室門斗上貼有說語，藍色磁青紙，泥金字，漢、滿、蒙、藏四種文字說明，記載每品佛門供奉的佛像名稱、所依經典，共計二十四張，這是判斷梵華樓建築格局、神像配置的關鍵材料，現保存完好。

一室般若品畫像

圖 22　六品佛畫像

縱 163 公分，橫 295 公分。

F1SH：1（故 199994）

畫像掛供於一室樓上北壁正中。布本，彩繪，四周鑲紅色織金錦邊。色彩有剝落，錦邊有磨損。畫面中央為主佛釋迦牟尼佛，佛右側文殊菩薩、觀世音菩薩、除諸障菩薩、普賢菩薩，佛左側金剛菩薩、地藏王菩薩、虛空藏菩薩、彌勒菩薩等八大菩薩成平行四邊形排列，共九尊般若品主尊畫像。釋迦牟尼佛上方繪有裝飾瓔珞彩帶的華蓋，佛兩側天空祥雲飄浮，雲中有十六位手持供器、傘蓋、幡幢的天女，下方繪有青山綠水和花草樹木。

圖 22-1　六品佛畫像

圖 22-2　六品佛畫像局部

圖 22-3　六品佛畫像局部

圖 22-4　釋迦牟尼

此佛位居正中。黃色身。一面二臂。螺髮高髻，雙耳垂肩，寂靜相。頭後有綠色圓形頭光。身披袒右肩式紅色袈裟，右肩搭覆袈裟一角。左手施禪定印，右手施觸地印。全跏趺坐於單層印蓮底座上。蓮座後有深藍色葫蘆形背光，繪金色光線，背光邊飾以紅、綠、粉、藍四色卷雲寶珠紋。蓮座下為飾以雙獅的須彌台座。台座前溪水中生出蓮花一枝，上托供盤一件，內盛摩尼寶珠及供果等。

圖 22-5　觀世音菩薩

菩薩位於文殊菩薩右側。白色身。一面二臂。頭戴粉色五葉冠，葫蘆形髮髻，繫紅色束髮繒帶，寂靜相。頭後有綠色圓形頭光。袒露上身，肩披藍色天衣，胸前披灰色羊皮，下身著兩層裙，外裙紅色，內裙橙色，佩飾項鍊、臂釧、手鐲、腳鐲。左手施說法印，並執蓮花莖，蓮花置於左肩；右手與願印。半跏趺坐於單層覆蓮底座上。身後有粉色圓形身光，繪金色光線。

圖 22-6　文殊菩薩

菩薩位於釋迦牟尼右側上方。褐色身。一面二臂。頭戴粉色五葉冠，葫蘆形髮髻，繫紅色束髮繒帶，寂靜相。頭後有粉色圓形頭光。袒露上身，肩披黃綠色天衣，下身著兩層裙，外裙橙色，內裙紅色，佩飾項鍊、臂釧、手鐲、腳鐲。左手施說法印，並執蓮花莖，蓮花置於左肩，花心上托經書、寶劍；右手與願印。半跏趺坐於單層覆蓮底座上。身後有土黃色圓形身光，繪金色光線。

圖 22-7　除諸障菩薩

菩薩位於觀世音菩薩下方。紅色身。一面二臂。頭戴粉色五葉冠，葫蘆形髮髻，繫紅色束髮繒帶，寂靜相。頭後有黃色圓形頭光。袒露上身，肩披綠色天衣，下身著兩層裙，外裙橙色，內裙灰色，佩飾項鍊、臂釧、手鐲、腳鐲。左手施期克印；右手施說法印，並執蓮花莖，蓮花置於右肩，花心上托紅色太陽。半跏趺坐於單層覆蓮底座上。身後有藍色圓形身光，繪金色光線。

圖 22-8　普賢菩薩

菩薩位於釋迦牟尼右側下方。黃色身。一面二臂。頭戴粉色五葉冠，葫蘆形髮髻，繫紅色束髮繒帶，寂靜相。頭後有藍色圓形頭光。袒露上身，肩披藍色天衣，下身著兩層裙，外裙淺藍色，內裙紅色，佩飾項鍊、臂釧、手鐲、腳鐲。左手施說法印，並執蓮花莖，蓮花置於左肩；右手握金剛杵。半跏趺坐於單層覆蓮底座上。身後有紅色圓形身光，繪金色光線。

圖 22-9　金剛菩薩

菩薩位於釋迦牟尼左側上方。藍色身。一面二臂。頭戴粉色五葉冠，葫蘆形髮髻，繫紅色束髮繒帶，寂靜相。頭後有粉色圓形頭光。袒露上身，肩披綠色天衣，下身著兩層裙，外裙橙色，內裙紅色，佩飾項鍊、臂釧、手鐲、腳鐲。左手施說法印，並執蓮花莖，蓮花置於左肩，花心上托金剛鈴；右手施與願印。半跏趺坐於單層覆蓮底座上。身後有深藍色圓形身光，繪金色光線。

圖 22-10　地藏王菩薩

菩薩位於金剛菩薩左側。綠色身。一面二臂。頭戴粉色五葉冠，葫蘆形髮髻，繫紅色束髮繒帶，寂靜相。頭後有綠色圓形頭光。袒露上身，肩披藍色天衣，下身著兩層裙，外裙紅色，內裙粉色，佩飾項鍊、臂釧、手鐲、腳鐲。左手施與願印；右手施說法印，並執蓮花莖，蓮花置於右肩，花心上托摩尼寶珠。半跏趺坐於單層覆蓮底座上。身後有粉色圓形身光，繪金色光線。

圖 22-11　彌勒菩薩

菩薩位於釋迦牟尼左側下方。淺褐色身。一面二臂。頭戴粉色五葉冠，葫蘆形髮髻，繫紅色束髮繒帶，寂靜相。頭後有淺藍色圓形頭光。袒露上身，肩披藍色天衣，下身著兩層裙，外裙灰色，內裙紅色，佩飾項鍊、臂釧、手鐲、腳鐲。左手施無畏印；右手施與願印，並執蓮花莖，蓮花置於右肩，花心上托軍持。半跏趺坐於單層覆蓮底座上。身後有紅色圓形身光，繪金色光線。

圖 22-12　虛空藏菩薩

菩薩位於地藏王菩薩下方。白色身。一面二臂。頭戴粉色五葉冠，葫蘆形髮髻，繫紅色束髮繒帶，寂靜相。頭後有黃色圓形頭光。袒露上身，肩披綠色天衣，下身著兩層裙，外裙紅色，內裙灰色，佩飾項鍊、臂釧、手鐲、腳鐲。左手施與願印；右手施說法印，並執蓮花莖，蓮花置於右肩，花心上托白色月牙。半跏趺坐於單層覆蓮底座上。身後有深藍色圓形身光，繪金色光線。

圖 22-4 釋迦牟尼

83

圖 22-5　觀世音菩薩

圖 22-6　文殊菩薩

圖 22-7　除諸障菩薩

圖 22-8　普賢菩薩

圖 22-9 金剛菩薩

圖 22-10 地藏王菩薩

圖 22-11 彌勒菩薩

圖 22-12 虛空藏菩薩

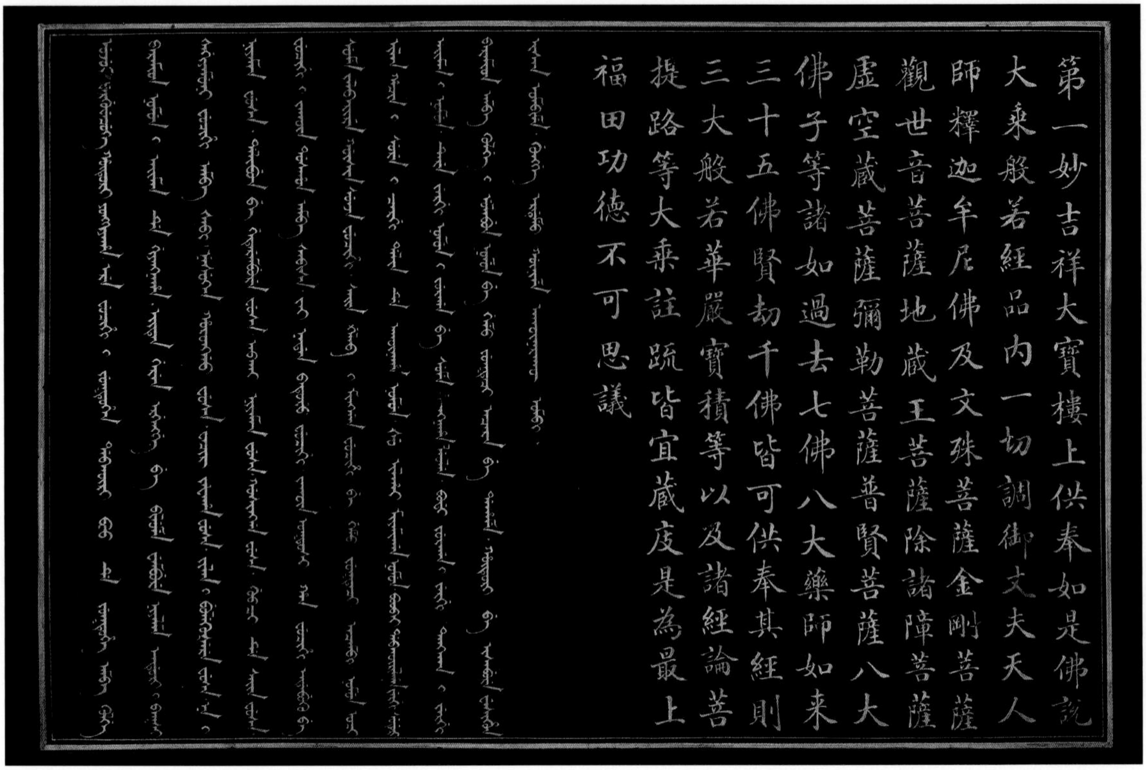

第一妙吉祥大寶樓上供奉如是佛說
大乘般若經品內一切調御丈夫天人
師釋迦牟尼佛及文殊菩薩金剛菩薩
觀世音菩薩地藏王菩薩除諸障菩薩
盧空藏菩薩彌勒菩薩普賢菩薩八大
佛子等諸如過去七佛八大藥師如來
三十五佛賢劫千佛皆可供奉其經則
三大般若華嚴寶積等以及諸經論菩
提路等大乘注疏皆宜藏庋是為最上
福田功德不可思議

圖 23-1　一室樓上西門説語

圖 23　説語

縱 50 公分，橫 73.5 公分（每幅）。

F1SY：1、F1SY：2

說語分別位於一室樓上西門和東門上方。磁青紙，泥金字，
四周壓硬木框。西門上方的 F1SY：1 說語為漢、滿二體，
東門上方的 F1SY：2 說語為蒙、藏二體。

漢文説語

第一妙吉祥大寶樓上供奉如是佛說大乘般若經品內一切調
御丈夫天人師釋迦牟尼佛及文殊菩薩、金剛菩薩、觀世音
菩薩、地藏王菩薩、除諸障菩薩、盧空藏菩薩、彌勒菩薩、
普賢菩薩八大佛子等，諸如過去七佛、八大藥師如來、
三十五佛、賢劫千佛皆可供奉。其經則三大般若、華嚴、
寶積等，以及諸經論菩提路等大乘注疏，皆宜藏庋。是為
最上福田，功德不可思議。

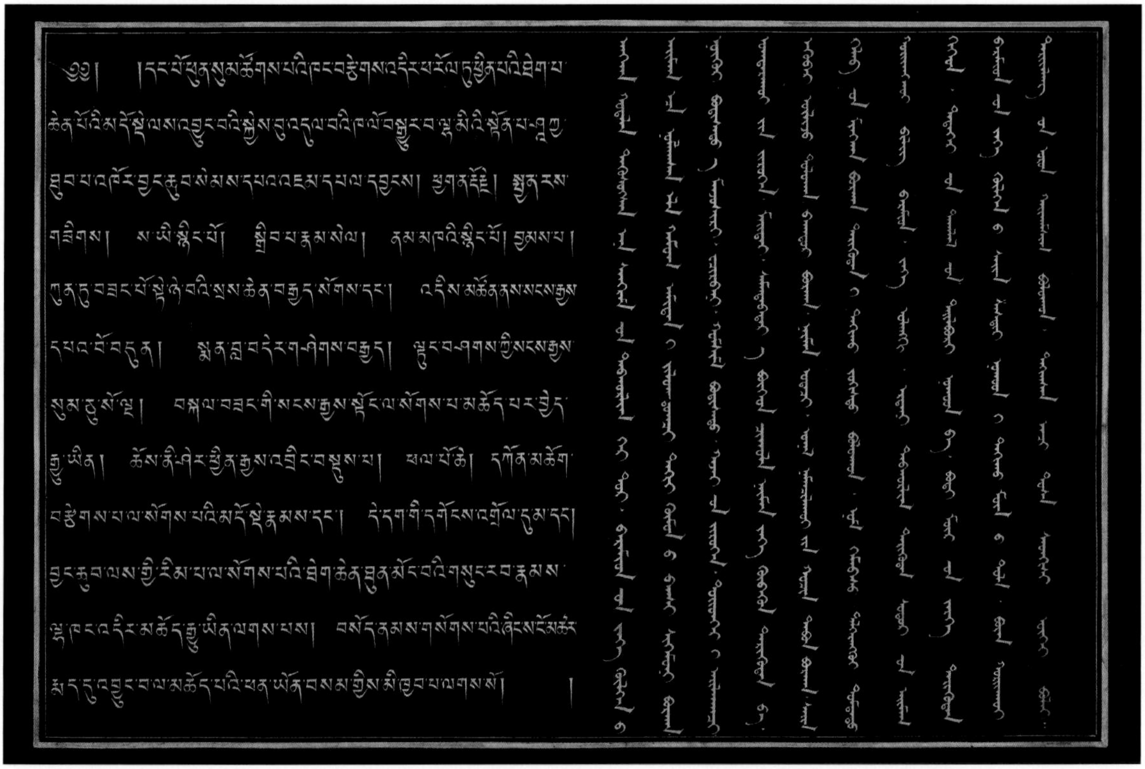

圖 23-2　一室樓上東門說語

▌二室無上陽體根本品畫像▐

圖 24　六品佛畫像
縱 163 公分，橫 295 公分。

F2SH：1（故 199995）

畫像掛供於二室樓上北壁正中。布本，彩繪，四周鑲紅色織金錦邊。色彩有剝落，錦邊有磨損。畫面中央為主佛密跡不動金剛佛，周圍環繞宏光文殊金剛佛、祕密文殊室利佛、六面威羅瓦金剛佛、黑敵金剛佛、密跡文殊金剛佛、威羅瓦金剛佛、紅威羅瓦金剛佛、大輪手持金剛佛，共九尊無上陽體根本品主尊畫像。密跡不動金剛佛上方繪有裝飾瓔珞彩帶的華蓋，佛兩側天空祥雲飄浮，雲中有十四位手持供器、傘蓋、幡幢的天女，下方繪有青山綠水和花草樹木。

圖 24-1

六品佛畫像

圖 24-2　六品佛畫像局部

圖 24-3　六品佛畫像局部

圖 24-4　密跡不動金剛佛

此佛位居正中。雙身。主尊藍黑色身，三面六臂，每面各三目。頭戴五葉冠，葫蘆形髮髻，繫紅色束髮繒帶，寂靜相。三面正中藍黑色、左紅色、右白色，頭後有淺綠色圓形頭光。袒露上身，肩披綠、白兩色帛帶，白帛帶上繪有蓮花卷草。下身著綠邊粉紅裙，佩飾耳璫、項鍊、臂釧、手鐲、腳鐲。左元手持金剛鈴，右元手持金剛杵，雙臂相交，擁抱明妃；左副手自上而下分別持火焰摩尼寶、藍色寶劍（寶劍前端飾黃色火焰），右副手自上而下分別持法輪、白色蓮花。全跏趺坐於單層仰蓮底座上。身後有內紅色、外藍色圓形身光，繪金色光線。明妃淺藍色身，三面六臂，每面各三目，頭戴五葉冠，葫蘆形髮髻，寂靜相；三面自上而下分別為藍、白、紅三種臉色；袒露上身，肩披黃色帛帶，下身著紅裙，佩飾耳璫、項鍊、臂釧、手鐲、腳鐲、腰纏黃色瓔珞；最上一對左右臂摟抱主尊脖頸；中間一對左右臂，左手持火焰摩尼寶，右手持法輪；最下一對左右臂，左手持藍色火焰寶劍，右手持白色蓮花；雙腿環繞主尊腰間。蓮座前溪水中生出蓮花一枝，上托供盤一件，內盛摩尼寶、海螺及供果等。

圖 24-5　六面威羅瓦金剛佛

此佛位於宏光文殊金剛佛右側下方。藍黑色身，六面六臂四足。每面各三目，均戴骷髏冠，褐髮高聳，繫紅色束髮繒帶，忿怒相。六面分兩層：上層一面在褐髮中，臉色呈藍色；下層五面，從左至右分別為綠、紅、藍黑、白、黃五種臉色。赤裸全身，肩披綠色帛帶，身披獸皮，佩飾耳璫、人頭項鬘、臂釧、手鐲、腳鐲、腰纏瓔珞。左手自上而下分別施期克印、搗杵、金剛鈴；右手自上而下分別持金剛錘、藍色火焰寶劍、金剛杵。前一對足結全跏趺坐，後一對足展左立於藍色臥牛背上。牛下有一藍色人俯臥，人下為單層覆蓮底座。身後飾黃色火焰。

圖 24-6　宏光文殊金剛佛

此佛位於密跡不動金剛佛右側上方。雙身。主尊深黃色身，三面六臂。頭戴五葉冠，葫蘆形髮髻，寂靜相。三面從左至右分別為白、深黃、藍三種臉色，頭後有紅色圓形頭光。袒露上身，肩披綠色帛帶，下身著紅裙，佩飾項鍊、臂釧、手鐲、腳鐲。左右元手胸前相交，擁抱明妃；左副手自上而下分別持白色蓮花、弓，右副手自上而下分別持藍色火焰寶劍、箭。全跏趺坐於單層覆蓮底座上。身後有藍色圓形身光，繪金色光線，四周環繞淡青色祥雲。明妃黃色身，

三面六臂，頭戴五葉冠，寂靜相。三面自上而下分別為黃、藍、白三種臉色；袒露上身，肩披藍色帛帶，下身著藍裙，佩飾耳璫、項鍊、臂釧、手鐲、腳鐲，腰纏黃色瓔珞；最上一對左右臂摟抱主尊脖頸；中間一對左右臂，左手持白色蓮花，右手持藍色火焰寶劍；最下一對左右臂，左手持弓，右手持箭；雙腿環繞主尊腰間。

圖 24-7　黑敵金剛佛

此佛位於六面威羅瓦金剛佛右側下方。藍黑色身，三面六臂二足。每面各三目，頭戴骷髏冠，褐髮高聳，繫紅色束髮繒帶，忿怒相。三面從左至右分別為紅、藍黑、白三種臉色。赤裸全身，肩披綠色帛帶，腰束虎皮裙，佩飾耳璫、人頭項鬘、臂釧、手鐲、腳鐲。左元手捧嘎巴拉碗，右元手持鉞刀；左副手自上而下分別持法輪、白色蓮花，右副手自上而下分別持金剛杵、藍色火焰寶劍。展左立，足下踩一藍色人。此人俯臥於單層白色小覆蓮座上，雙手相交於頸下，右手持白色顱棒。小覆蓮座置於藍色臥牛背上，牛下為單層大覆蓮座。身後飾黃、紅二色火焰。蓮座前有一白色嘎巴拉碗，碗內盛滿顱血，外飾黃色火苗。

圖 24-8　祕密文殊室利佛

此佛位於密跡不動金剛佛右側下方。雙身。主尊深黃色身，一面二臂。頭戴五葉冠，葫蘆形髮髻，繫藍色束髮繒帶，寂靜相。頭後有紅色圓形頭光。袒露上身，肩披綠、白兩色帛帶，白帛帶上繪有蓮花卷草紋，下身著綠色裙，佩飾項鍊、臂釧、手鐲、腳鐲。左手持金剛鈴，右手持金剛杵，雙手胸前相交，擁抱明妃。全跏趺坐於單層覆蓮底座上。身後有藍色圓形身光，繪金色光線。明妃黃色身，一面二臂，頭戴五葉冠，寂靜相；袒露上身，肩披綠色帛帶，下身著粉色裙；雙手高舉，左手捧嘎巴拉碗，右手持鉞刀；雙腿環繞主尊腰間。

圖 24-9　密跡文殊金剛佛

此佛位於密跡不動金剛佛左側上方。雙身。主尊深黃色身，三面六臂。頭戴五葉冠，葫蘆形髮髻，寂靜相，三面正中深黃色、左白色、右藍色。頭後有紅色圓形頭光。袒露上身，肩披綠邊白色帛帶，帛帶上繪有花草，下身著藍邊粉色裙，佩飾項鍊、臂釧、手鐲、腳鐲。左元手捧白色經卷，右元手持藍色寶劍，寶劍前端飾黃色火焰，雙臂相交，擁抱明妃；左副手自上而下分別持白色蓮花、弓，右副手自上而下分別持箭、施與願印。右舒坐於單層覆蓮底座上。

身後有綠色圓形身光，繪金色光線，四周環繞粉色祥雲。明妃黃色身，三面六臂，頭戴五葉冠，寂靜相。三面自上而下分別為黃、藍、白三種臉色；袒露上身，肩披藍色帛帶，下身著紅裙，佩飾耳璫、項鍊、臂釧、手鐲、腳鐲，腰纏黃色瓔珞；最上一對左右臂摟抱主尊脖頸；中間一對左右臂，左手持白色蓮花，右手持箭；最下一對左右臂，左手持弓，右手施與願印；雙腿環繞主尊腰間。

圖 24-10　紅威羅瓦金剛佛

此佛位於密集文殊金剛佛左側下方。雙身。主尊紅色身，一面三目二臂。頭戴骷髏冠，褐髮高聳，繫藍色束髮繒帶，忿怒相。赤裸全身，肩披綠色帛帶，佩飾耳璫、人頭骷髏頭項鬘、臂釧、手鐲、腳鐲。左手捧嘎巴拉碗，並擁抱明妃；右手舉白色顱棒。展左立，足下踩一藍色人。此人俯臥於一灰色臥牛背上，牛下為單層覆蓮底座。身後飾黃色火焰。明妃紅色身，一面三目二臂，頭戴骷髏冠，褐髮，繫藍色束髮繒帶，忿怒相。赤裸全身，佩飾白色臂釧、手鐲、腳鐲，腰纏白色瓔珞，左手捧嘎巴拉碗，右手持鉞刀；左腿環繞主尊腰間，展右立。蓮座前有一白色嘎巴拉碗，碗內盛滿顱血，外飾一顆藍色人頭和黃色火苗。

圖 24-11　威羅瓦金剛佛

此佛位於密跡不動金剛佛左側下方。雙身。主尊藍黑色身，九面三十四臂十六足。九面分三層，最上層一面，為冷面文殊相；臉色呈黃色，頭戴五葉冠，葫蘆形髮髻；中層一面，臉色呈紅色，三目，頭戴骷髏冠，忿怒相；最下層七面，每面各三目，正面為忿怒牛頭相，頭戴骷髏冠，雙犄角身，大而尖銳有力，其餘六面亦戴骷髏冠，呈忿怒相。七面從左至右分別為褐、白、褐、藍黑、黃、藍、紅七種臉色。褐髮高聳，赤裸全身，肩掛人頭項鬘，身披象皮，腰圍瓔珞。左元手捧嘎巴拉碗，右元手持鉞刀，並擁抱明妃。三十二隻副手分兩層排列，左副手裡層自上而象皮一角、梵天頭、盾牌、足、索、弓、長、金剛鈴，外層自上而下分別持象皮一角、屍布、人幢、火爐、半人頭、人手、三角幡、風幡，右副手裡層自上而下分別持牽象皮一角、手鏢、搗杵、匕首、槍、鉞刀、槍、箭，外層自上而下分別持長柄鉞刀、顱棒、喀章嘎、輪、金剛杵、金剛錘、劍、嘎巴拉鼓。十六足，左八足下踏八隻飛禽即鷲、鷲、慈烏、鸚鵡、鷁、鷹、八哥、鵝和四位明王，右足下踩一人和七隻走獸即水牛、黃牛、驢、駝、犬、羊、狐及四位明王。下為單層覆蓮底座。身後飾紅、黃二色火焰。明妃

藍色身，一面三目二臂，頭戴骷髏冠，赤髮天衣，忿怒相。赤裸全身，佩飾耳璫、臂釧、手鐲、腳鐲，腰纏白色瓔珞；左手高舉嘎巴拉碗，右手持鉞刀；左腿環繞主尊腰間，展右立。蓮座前有一白色嘎巴拉碗，碗內盛滿顱血、一對眼珠和一顆人心，外飾一顆藍色人頭和黃色火苗。

圖 24-12　大輪手持金剛佛

此佛位於紅威羅瓦金剛佛左側下方。雙身。主尊藍黑色身，三面六臂。每面各三目，頭戴骷髏冠，褐髮高聳，忿怒相。正面口叼一蛇，三面從左至右分別為紅、藍黑、白三種臉色。赤裸全身，肩披綠色帛帶，腰束虎皮裙，佩飾耳璫、人頭項鍊、臂釧、手鐲、腳鐲。左元手施無畏印，右元手施與願印，並擁抱明妃；左副手自上而下分別施期克印、持蛇，右副手自上而下分別持金剛杵、蛇。展左立，雙足下各踩一人。左足下之人紅色身，仰臥，右足下之人黃色身，俯臥。下為單層覆蓮底座。身後飾紅、黃二色火焰。明妃藍色身，一面三目二臂，褐髮，繫紅色束髮繒帶，忿怒相。赤裸全身，佩飾耳璫、臂釧、手鐲、腳鐲，腰纏白色瓔珞；雙臂摟抱主尊脖頸，左腿環繞主尊腰間，展右立。

圖 24-4　密跡不動金剛佛

圖 24-5 六面威羅瓦金剛佛

圖 24-6 宏光文殊金剛佛

圖 24-7 黑敵金剛佛

圖 24-8 祕密文殊室利佛

圖 24-9　密跡文殊金剛佛

圖 24-10　紅威羅瓦金剛佛

圖 24-11　威羅瓦金剛佛

圖 24-12　大輪手持金剛佛

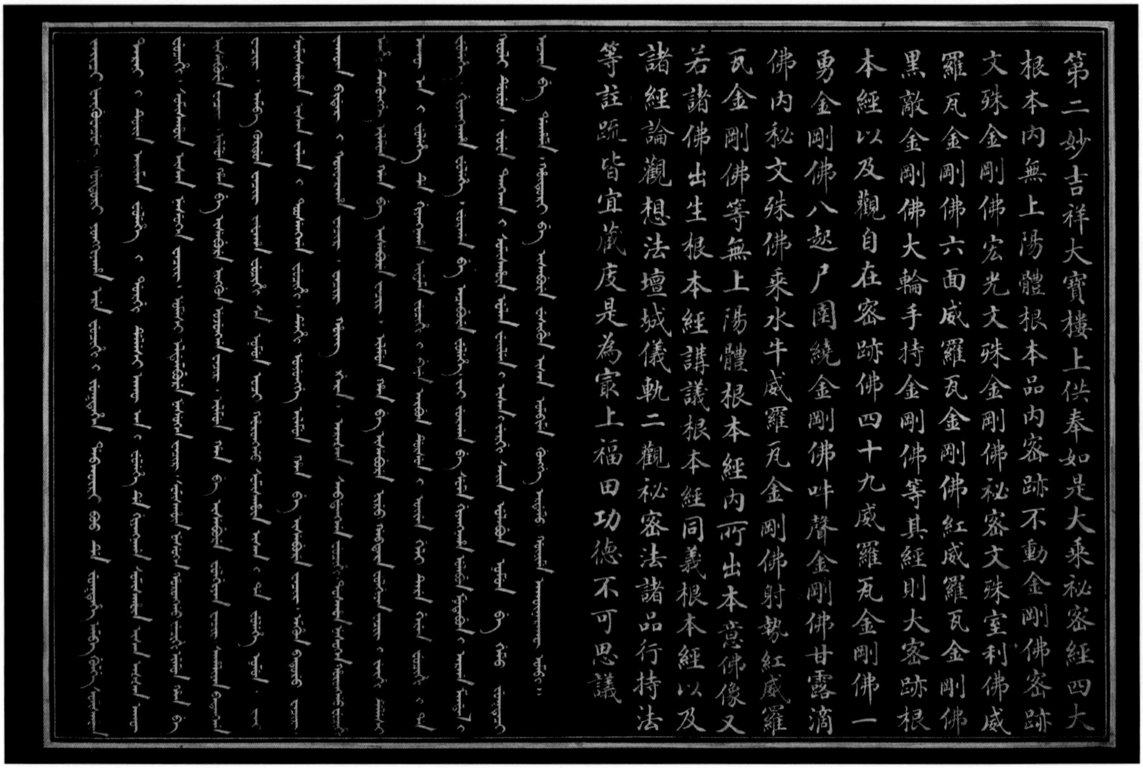

圖 25-1　二室樓上西門說語

圖 25　說語

縱 50 公分，橫 73.5 公分（每幅）。

F2SY：1、F2SY：2

說語分別位於二室樓上西門和東門上方。磁青紙，泥金字，四周壓硬木框。西門上方的 F2SY：1 說語為漢、滿二體，東門上方的 F2SY：2 說語為蒙、藏二體。

漢文說語

第二妙吉祥大寶樓上供奉如是大乘祕密經四大根本內無上陽體根本品內密跡不動金剛佛、密跡文殊金剛佛、宏光文殊金剛佛、祕密文殊室利佛、威羅瓦金剛佛、六面威羅瓦金剛佛、紅威羅瓦金剛佛、黑敵金剛佛、大輪手持金剛佛等，其經則大密跡根本經以及觀自在密跡佛、四十九威羅瓦金剛佛、一勇金剛佛、八起屍圍繞金剛佛、吽聲金剛佛、甘露滴佛、內祕文殊佛、乘水牛威羅瓦金剛佛、射勢紅威羅瓦金剛佛等無上陽體根本經內所出本意佛像，又若諸佛出生根本經、講議根本經、同義根本經，以及諸經論觀想法、壇城儀軌二觀祕密法、諸品行持法等注疏，皆宜藏度，是為最上福田，功德不可思議。

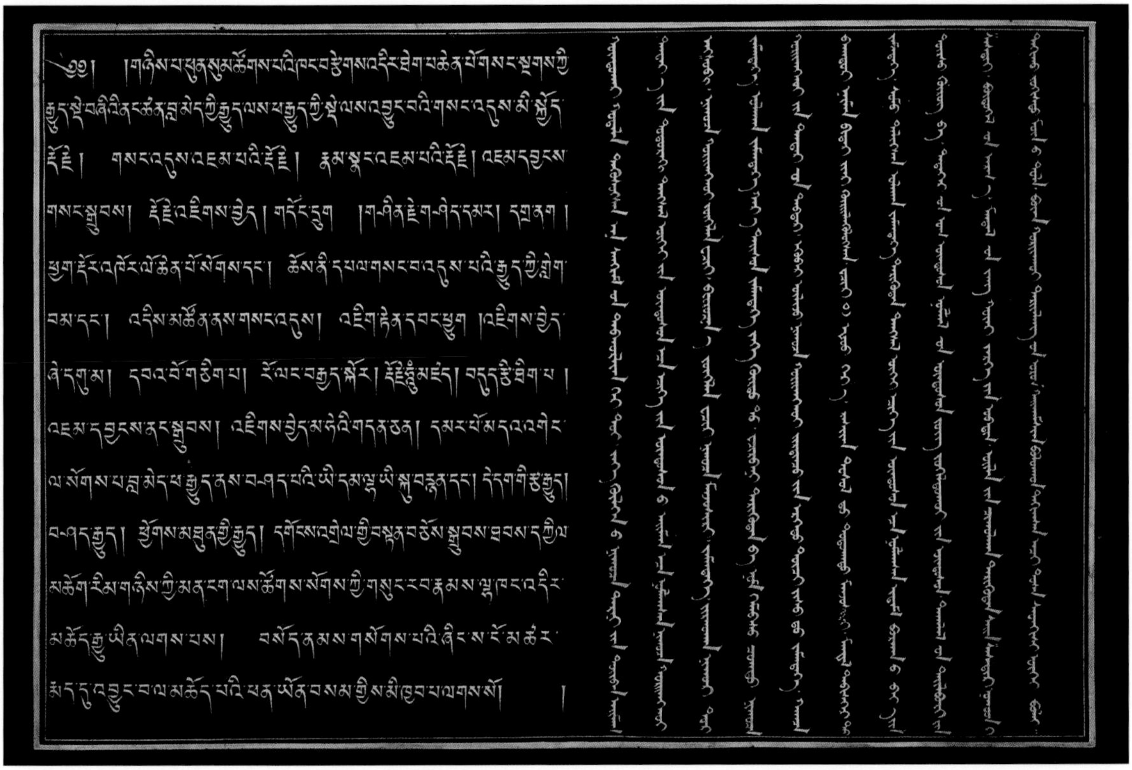

༄༅། །གཉིས་པ་སྟེང་སུ་སྨ་ཚོགས་པའི་ཤིང་ཁང་ཙེ་གས་བ་དེ་གས་ལ་འདི་ཤེ་པ་ཚ་ནེར་གས་ལང་སྐྱགས་ཀྱི་
རྒྱུ་སྤྱོ་འཛིན་ཞིང་ཚ་རྣ་སྣ་མེད་ཀྱི་དཔལ་ལས་རྒྱུ་ཀྱི་སྤྱོ་ལས་འབྱུང་བའི་གས་ང་འདུ་མི་སྐྱེ་
རོ་ཉེ། །གསང་འདུས་འཇམ་པའི་རོ་ཉེ། །འཇམ་དཔྱང་
གསང་སྤྱ་བས། རོ་ཉེ་འཇིགས་ཚེ། གདོང་དུག །ག་ཉེ་རྟེ་ག་ཤ་དར། དཔ་རེག།
ཕྱག་རོ་ར་ཚེ་པོ་ཆེ་པོ་སོགས་དང་། ཚོ་ནེ་དཔལ་གས་བ་འདུས་པའི་རྒྱུ་ཀྱི་སྐྱེ་
བས་དང་། འདིས་མཚོ་ནས་གསང་འདུས། འཛིག་རྟེ་དབང་ཕྱུག །འཛིགས་ཚེ་
ཞེ་དགུ་མ། དབའ་བོ་ཅིག་པ། རོང་བ་རྒྱུ་སྐྱོར། རོ་རྗེ་སྨ་ཛོ། བདུད་རྗེ་ཤིག་པ།
འཛམ་དབྱངས་ནན་སྐྱབས། འཛིགས་ཚེ་མའི་ཤེག་ནན་ཚན། དམ་ར་པོ་མ་དབའ་འཁོར་
ལ་སོགས་པ་རྣམ་མེང་པ་ད་རྒྱུ་ནས་བ་ཨད་པའི་ཡི་དམ་སྤུ་ཡི་སྐྱ་བརྟན་དང་། ནེ་དགའ་གི་ཚ་རྒྱུ།
བ་འད་རྒྱུ། ཕྱོགས་མ་བཞུ་ཀྱི་རྒྱུ། དགོས་ལ་འགྲིལ་ཀྱི་བསྐྱབ་ན་ཚོམ་སྐྱབས་ཐབས་ད་ཀྱི་ལ
མ་ཆོག་རིམ་གཉིས་ཀྱི་མ་དང་ལ་ཚོགས་སོགས་ཀྱི་གསུང་ར་ར་རྣམས་ཚ་སྐྱ་ཁང་འདིར་
མ་ཚོ་རྒྱུ་ཡིན་ལགས་པ་ས། བསོ་དནམས་གསོགས་པའི་ཞིན་ས་ནོ་མ་ཚོ་ར་
མེད་དུ་འབྱུང་ལ་མ་ཚོ་པའི་པན་ཡོན་བ་སམ་ཀྱི་མི་མྱི་ཁྱབ་པ་ལགས་སོ། །

圖 25-2　二室樓上東門説語

圖 26　六品佛畫像

縱 163 公分，橫 295 公分。

F3SH：1（故 199996）

畫像掛供於三室樓上北壁正中。布本，彩繪，四周鑲紅色織金

錦邊。色彩有剝落，錦邊有磨損。畫面中央為上樂王佛，周圍白上樂王佛、持兵器喜金剛佛、佛陀嘎巴拉佛、瑜伽虛空佛、持嘎巴拉喜金剛佛、大幻金剛佛、時輪王佛、佛海觀世音佛，共九尊無上陰體根本品主尊畫像。上樂王佛上方繪有裝飾瓔珞彩帶的華蓋，佛兩側天空祥雲飄浮，雲中有十二位手持供器、傘蓋、幡幢的天女，下方繪有青山綠水和花草樹木。

圖 26-1

六品佛畫像

圖 26-2　六品佛畫像局部

圖 26-3　六品佛畫像局部

圖 26-4　上樂王佛

此佛位居正中。雙身。主尊藍黑色身，四面十二臂，每面各三目。頭戴骷髏冠，葫蘆形髮髻，嗔怒相。四面從左至右分別為紅、綠、藍黑、白四種臉色。頭後有綠色桃形頭光，邊緣飾紅色卷草紋。赤裸全身，肩披綠邊白色帛帶，帛帶上繪有花草，身披白色象皮，腰束虎皮裙，佩飾耳璫、人頭項鬘、臂釧、手鐲、腳鐲。左元手持金剛鈴，右元手持金剛杵，雙臂相交，擁抱明妃；副手分兩層，外層左臂持喀章嘎，右臂持嘎巴拉鼓，內層左副手自上而下分別握象皮一角、捧嘎巴拉碗、持索、提人頭，右副手自上而下分別握象皮一角、持金剛斧、持鉞刀、持三尖叉。展右立，雙足下各踩一人。左足下之人紅色身，仰臥，右足下之人藍色身，俯臥，手持法器。人下為單層覆蓮底座。主尊身後有紅色身光，繪金色光線，邊緣飾藍、粉紅、綠、紅四色卷草紋。明妃紅色身，一面三目二臂，頭戴骷髏冠，黑髮天衣，嗔怒相。赤裸全身，佩飾耳璫、骷髏頭項鍊、臂釧、手鐲、腳鐲，腰纏白色瓔珞。左手環繞主尊脖頸，右手高舉鉞刀。雙腿環繞主尊腰間。蓮座前有一朵紅色蓮花，上托供盤一件，內盛摩尼寶、海螺及供果等；蓮花左右各有一白色嘎巴拉碗，碗內盛滿顱血，外飾黃色火苗。

圖 26-4　上樂王佛

圖 26-5　佛陀嘎巴拉佛

此佛位於上樂王佛最右側下方。雙身。主尊藍黑色身，一面三目四臂。頭戴骷髏冠，葫蘆形髮髻，繫紅色束髮繒帶，嗔怒相。頭後有綠色桃形頭光，邊緣飾紅色卷草紋。赤裸全身，腰束虎皮裙，佩飾耳璫、人頭和骷髏頭項鬘、臂釧、手鐲、腳鐲。左元手捧嘎巴拉碗，並擁抱明妃，右元手持鉞刀；左副手持喀章嘎，右副手持嘎巴拉鼓。舞立，足下踩一人，白色身，俯臥。人下為單層覆蓮底座。主尊身後有紅色身光，繪金色光線，邊緣飾紅、青二色卷草紋。明妃藍色身，一面三目二臂，頭戴骷髏冠，高髮髻，繫紅色束髮繒帶，嗔怒相。赤裸全身，佩飾耳璫、骷髏頭項鍊、臂釧、手鐲、腳鐲，腰纏白色瓔珞。左手環繞主尊脖頸，右手高舉鉞刀。雙腿環繞主尊腰間。

圖 26-6　白上樂王佛

此佛位於上樂王佛右側上方。雙身。主尊白色身，一面三目二臂。頭戴五佛冠，葫蘆形髮髻，繫紅色束髮繒帶，寂靜相。頭後有綠色圓形頭光。袒露上身，肩披青色帛帶，下身著綠邊紅色裙，佩飾耳璫、項鍊、臂釧、手鐲、腳鐲。雙手各捧一寶瓶，並相交於胸前，擁抱明妃。全跏趺坐於單層覆蓮底座上。身後有內黃色、外紅色圓形身光，繪金色光線。明妃紅色身，一面三目二臂，頭戴骷髏冠，青髮天衣，寂靜相。袒露上身，肩披綠色帛帶，下身著綠邊藍色裙，佩飾耳璫、項鍊、臂釧、手鐲、腳鐲。雙手各高舉一嘎巴拉碗。雙腿環繞主尊腰間。

圖 26-7　瑜伽虛空佛

此佛位於佛陀嘎巴拉佛左側下方，雙身。主尊藍黑色身，三面六臂，每面各三目。頭戴五葉冠，葫蘆形髮髻，嗔怒相。頭後有粉色圓形頭光。袒露上身，肩披綠色帛帶，下身著褐色邊紅色裙，佩飾耳璫、項鍊、臂釧、手鐲、腳鐲。左元手持金剛鈴，右元手持金剛杵，雙臂相交，擁抱明妃；左副手自上而下分別持弓、嘎巴拉碗，右副手自上而下分別持箭、施說法印。全跏趺坐於單層覆蓮底座上。身後有內紅色、外綠色圓形身光，繪金色光線。明妃白色身，一面三目兩臂，頭戴五葉冠，赤髮天衣，嗔怒相。袒露上身，下身著綠邊紅色裙，佩飾耳璫、項鍊、臂釧、手鐲、腳鐲。左手捧嘎巴拉碗，右手環繞主尊脖頸。雙腿環繞主尊腰間。

圖 26-8　持兵器喜金剛佛

此佛位於上樂王佛右側下方。雙身。主尊藍黑色身，八面十六臂四足，每面各三目。頭戴骷髏冠，褐髮高聳，忿怒相。八面分兩層：上層一面在褐髮中，臉色呈紅色；下層七面，畫出的五面從左至右分別為藍黑、紅、藍黑、白、藍黑五種臉色。頭後有紅色桃形頭光，邊緣飾紅、藍、粉紅、綠四色卷草紋。赤裸全身，肩披綠色帛帶，腰束虎皮裙，佩飾耳璫、人頭和骷髏頭項鬘、臂釧、手鐲、腳鐲。左元手持金剛鈴，右元手持金剛杵，雙臂相交，擁抱明妃；左副手自上而下分別持白色蓮花、弓、喀章嘎、嘎巴拉碗、寶珠杖、期克印手、索；右副手自上而下分別持藍色寶劍、白色箭、法輪、嘎巴拉碗、顱棒、三尖叉、金剛斧。前一對足展右立，後一對足舞立。前一對足下各踩二人，皆俯臥，左足下之人分別為青色身和白色身，右足下之人分別為藍色身和黃色身。人下為單層覆蓮底座。主尊身後有紅色身光，繪金色光線，外飾紅色卷草紋。明妃藍色身，一面三目二臂，頭戴骷髏冠，赤髮天衣，忿怒相。赤裸全身，佩飾骷髏頭項鬘、臂釧、手鐲、腳鐲，腰纏白色瓔珞。左手捧嘎巴拉碗，右手高舉鉞刀。右腿環繞主尊腰間，展左立。

圖 26-5　佛陀嘎巴拉佛

圖 26-6　白上樂王佛

圖 26-7　瑜伽虛空佛

圖 26-8　持兵器喜金剛佛

圖 26-9　持嘎巴拉喜金剛佛

此佛位於上樂王佛左側上方，雙身。主尊藍黑色身，八面十六臂四足。每面各三目，頭戴骷髏冠，褐髮高聳，忿怒相。八面分兩層：上層一面，在褐髮中，臉色呈紅色；下層七面，畫出的五面從左至右分別為藍黑、紅、藍黑、白、藍黑五種臉色。頭後有紅色桃形頭光，繪金色光線，邊緣飾紅、藍、粉紅、綠四色卷草紋。赤裸全身，肩披綠邊白色帛帶，帛帶上繪有花草，腰束虎皮裙，佩飾耳璫、人頭和骷髏頭項鬘、臂釧、手鐲、腳鐲。左元手捧嘎巴拉碗，碗內坐一佛，右元手亦捧嘎巴拉碗，碗內盛一白象，雙臂胸前相交，擁抱明妃；左副手全捧嘎巴拉碗，碗內各坐一佛，右副手亦全捧嘎巴拉碗，碗內分別盛馬、牛等獸類。前一對足展右立，後一對足舞立。前一對足下各踩二人，皆俯臥，人下為單層覆蓮底座。身後有紅色身光，繪金色光線，邊緣飾紅色卷草紋。明妃藍色身，一面三目二臂，頭戴骷髏冠，赤髮天衣，忿怒相。赤裸全身，佩飾耳璫、骷髏頭項鍊、臂釧、手鐲、腳鐲，腰纏白色瓔珞。左手捧嘎巴拉碗，右手高舉鉞刀。右腿環繞主尊腰間，展左立。

圖 26-10　時輪王佛

此佛位於持嘎巴拉喜金剛佛左側下方，雙身。主尊藍黑色身，四面二十四臂，每面各三目。頭戴五葉冠，葫蘆形髮髻，髮髻左側飾一白色月牙，嗔怒相。四面從左至右分別為黃、白、藍黑、紅四種臉色。頭後有綠色桃形頭光，邊緣飾紅色卷草紋。赤裸全身，肩披綠邊白色帛帶，帛帶上繪有花草，腰束虎皮裙，佩飾耳璫、項鍊、臂釧、手鐲、腳鐲。左元手捧金剛鈴，右元手捧金剛杵，雙臂相交，擁抱明妃；副手分兩層，內層左副手持獸面盾牌，右副手持藍色火焰寶劍；外層十對副手分別為三種顏色，最上二對呈藍黑色，中間四對呈紅色，最下四對呈白色；外層左副手自上而下分別持喀章嘎、嘎巴拉碗、弓、索、摩尼寶、白色蓮花、白色海螺、藍色寶珠、金剛索、梵天頭，右副手自上而下分別持三尖叉、鉞刀、三枝箭、金剛鉤、嘎巴拉鼓、金剛錘、法輪、槍、針、金剛斧。左腿呈紅色，右腿呈白色，展右立於單層覆蓮底座上。身後有紅色身光，繪金色光線，邊緣飾紅色卷草紋。明妃黃色身，一面三目八臂，頭戴五葉冠，黑髮天衣，嗔怒相。赤裸全身，佩飾耳璫、項鍊、臂釧、手鐲、腳鐲，腰纏深黃色瓔珞。最上一隻左手環繞主尊脖頸，另三隻左手自上而下分別持索、白色蓮花、摩尼寶，右手自上而下分別持鉞刀、金剛鉤、

嘎巴拉鼓、念珠。展左立。主尊與明妃足下共踏一人，皆仰臥，左足下之人白色身，手高舉嘎巴拉鼓、槍等法器；右足下之人紅色身，手舉箭、弓等法器；俯臥之人旁邊各另有一人，皆白色身，跪坐。人下為單層覆蓮底座。

圖 26-11　大幻金剛佛

此佛位於上樂王佛左側下方。雙身。主尊藍黑色身，四面四臂，每面各三目。頭戴骷髏冠，葫蘆形髮髻，繫紅色束髮繒帶，嗔怒相。四面從左至右分別為白、綠、藍黑、黃四種臉色。頭後有綠色桃形頭光，邊緣飾紅、藍、白、綠四色卷草紋。赤裸全身，肩披人皮，腰束虎皮裙，佩飾耳璫、人頭和骷髏頭項鬘、臂釧、手鐲、腳鐲。左元手持弓，右元手捧嘎巴拉碗並擁抱明妃；左副手持喀章嘎，右副手持箭。舞立於單層覆蓮底座上。身後有紅色身光，繪金色光線，邊緣飾紅色卷草紋。明妃藍色身，四面四臂，四面從左至右分別為綠、白、黃、藍黑四種臉色。每面各三目，頭戴骷髏冠，葫蘆形髮髻，嗔怒相。赤裸全身，佩飾耳璫、骷髏頭項鬘、臂釧、手鐲、腳鐲，腰纏白色瓔珞。左手自上而下分別持喀章嘎、弓，上右手環繞主尊脖頸，下右手持箭。右腿環繞主尊腰間，左腿舞立。

圖 26-12　佛海觀世音佛

此佛位於時輪王佛左側下方。雙身。主尊白色身，一面三目二臂。頭戴五葉冠，葫蘆形髮髻，繫紅色束髮繒帶，嗔怒相。頭後有綠色桃形頭光，邊緣飾紅色卷草紋。赤裸全身，肩披綠色帛帶，腰束虎皮裙，佩飾耳璫、項鍊、臂釧、手鐲、腳鐲。左手執蓮花莖，蓮花置於左肩，右手持念珠，雙手胸前相交，擁抱明妃。展右立於單層覆蓮底座上。身後有紅色身光，外飾紅色卷草紋。明妃紅色身，一面三目兩臂，頭戴五葉冠，黑髮天衣，嗔怒相。赤裸全身，佩飾耳璫、項鍊、臂釧、手鐲、腳鐲，腰纏白色瓔珞。左手舉嘎巴拉碗，右手舉鉞刀。雙腿環繞主尊腰間。

圖 26-9　持嘎巴拉喜金剛佛

圖 26-10　時輪王佛

圖 26-11　大幻金剛佛

圖 26-12　佛海觀世音佛

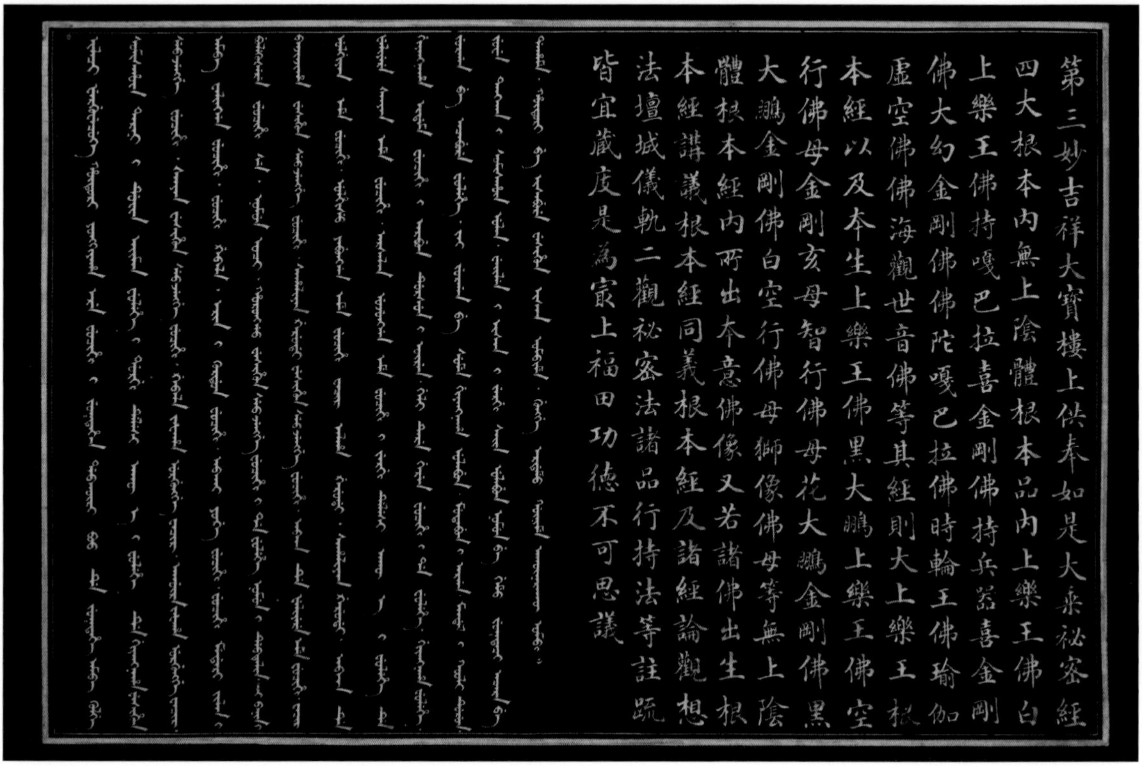

第三妙吉祥大寶樓上供奉如是大乘祕密經
四大根本內無上陰體根本品內上樂王佛白
上樂王佛持嘎巴拉喜金剛佛持兵器喜金剛
佛大幻金剛佛佛陀嘎巴拉佛時輪王佛瑜伽
虛空佛佛海觀世音佛等其經則大上樂王根
本經以及本生上樂王佛黑大鵬上樂王佛空
行佛母金剛亥母智行佛母花大鵬金剛佛黑
大鵬金剛佛白空行佛母獅像佛母等無上陰
體根本經內兩出本意佛像又若諸佛出生根
本經講義根本經同義根本經及諸經論觀想
法壇城儀軌二觀祕密法諸品行持法等註疏
皆宜藏度是為最上福田功德不可思議

圖 27-1　三室樓上西門說語

圖27　說語

縱 50 公分，橫 73.5 公分（每幅）。

F3SY：1、F3SY：2

說語分別位於三室樓上西門和東門上方。磁青紙，泥金字，四周壓硬木框。西門上方的 F3SY：1 說語為漢、滿二體，東門上方的 F3SY：2 說語為蒙、藏二體。

漢文說語

第三妙吉祥大寶樓上供奉如是大乘祕密經四大根本內無上陰體根本品內上樂王佛、白上樂王佛、持嘎巴拉喜金剛佛、持兵器喜金剛佛、大幻金剛佛、佛陀嘎巴拉佛、時輪王佛、瑜伽虛空佛、佛海觀世音佛等，其經則大上樂王根經，以及本生上樂王佛、黑大鵬、上樂王佛、空行佛母、金剛亥母、智行佛母、花大鵬金剛佛、黑大鵬金剛佛、白空行佛母、獅像佛母等無上陰體根本經內所出本意佛像，又若諸佛出生根本經、講義根本經、同義根本經及諸經論觀想法、壇城儀軌二觀祕密法、諸品行持法等註疏，皆宜藏度，是為最上福田，功德不可思議。

圖 27-2　三室樓上東門說語

四室瑜伽根本品畫像

圖28　六品佛畫像

縱 163 公分，橫 295 公分。

F4SH：1（故 199997）

畫像掛供於四室樓上北壁正中。布本，彩繪，四周鑲紅色織

金錦邊。色彩有剝落，錦邊有磨損。主體部分中為普慧毗盧佛，周圍金剛界佛、成就佛、最上功德佛、法界妙音自在佛、度生佛、能勝三界佛、密德文殊室利佛、九頂佛，共九尊瑜伽根本品主尊畫像。普慧毗盧佛上方繪有裝飾瓔珞彩帶的華蓋，兩側天空祥雲飄浮，雲中有十四位手持供器、傘蓋、幡幢的天女，下方繪有青山綠水和花草樹木。

圖 28-1

六品佛畫像

圖 28-2　六品佛畫像局部

圖 28-3　六品佛畫像局部

圖 28-4　普慧毗盧佛

此佛居中。白色身，四面二臂。頭戴五葉冠，葫蘆形髮髻，繫紅色束髮繪帶，寂靜相。頭後有粉色圓形頭光。袒露上身，肩披黃色天衣，下身著紅色裙，佩飾耳璫、項鍊、臂釧、手鐲、腳鐲。雙手結禪定印，掌心上托法輪。全跏趺坐於單層仰蓮底座上。身後有內紅色、外藍色圓形身光，繪金色光線。蓮座前溪水中生出蓮花一枝，上托供盤一件，內盛摩尼寶珠、海螺及供果等。

圖 28-5　最上功德佛

此佛位於普慧毗盧佛最右側下方。白色身，一面二臂。頭戴五葉冠，葫蘆形髮髻，繫紅色束髮繪帶，寂靜相。頭後有粉色圓形頭光。袒露上身，肩披綠色帛帶，下身著藍邊紅色裙，佩飾耳璫、項鍊、臂釧、手鐲、腳鐲。左手持金剛鈴，右手持金剛鈴。全跏趺坐於單層覆蓮底座上。身後有藍色圓形身光，繪金色光線。

圖 28-6　金剛界佛

此佛位於普慧毗盧佛右側上方。白色身，四面八臂。每面各三目，頭戴五葉冠，葫蘆形髮髻，繫紅色束髮繪帶，寂靜相。四面從左至右分別為綠、白、黃、紅四種臉色。頭後有粉色圓形頭光。袒露上身，肩披綠色天衣，下身著藍邊紅色裙，佩飾耳璫、項鍊、臂釧、手鐲、腳鐲。左右元手於胸前結菩提印，掌心相對，內夾金剛杵。左副手自上而下分別持法輪、弓，右副手自上而下分別持念珠、箭，最下層一對左右副手於腹前結禪定印。全跏趺坐於單層覆蓮底座上。身後有綠色圓形身光，繪金色光線。

圖 28-7　法界妙音自在佛

此佛位於最上功德佛右側下方。黃色身，四面八臂。每面各三目，頭戴五葉冠，葫蘆形髮髻，繫紅色束髮繪帶，寂靜相。頭後有綠色圓形頭光。袒露上身，肩披綠色天衣，下身著綠邊紅色裙，佩飾耳璫、項鍊、臂釧、手鐲、腳鐲。左右元手胸前施說法印；左副手自上而下分別持白色經卷、弓、金剛鈴，右副手自上而下分別持藍色火焰寶劍、箭、金剛杵。全跏趺坐於單層覆蓮底座上。身後有藍色圓形身光，繪金色光線。

圖 28-8　成就佛

此佛位於普慧毗盧佛右側下方。紅色身，一面二臂。頭戴五葉冠，葫蘆形髮髻，繫紅色束髮繪帶，寂靜相。眉間有白毫。頭後有綠色圓形頭光。袒露上身，肩披藍色天衣，下身著綠邊橙色裙，佩飾耳璫、項鍊、臂釧、手鐲、腳鐲。左手在腹前施禪定印；右手在胸前施說法印，拇指食指間夾十字金剛交杵。全跏趺坐於單層覆蓮底座上。身後有粉色圓形身光，繪金色光線。

圖 28-9　度生佛

此佛位於普慧毗盧佛左側上方。黃色身，一面二臂。頭戴五葉冠，葫蘆形髮髻，繫紅色束髮繪帶，眉間有白毫，寂靜相。頭後有粉色圓形頭光。袒露上身，肩披藍色天衣，下身著紅色裙，佩飾耳璫、項鍊、臂釧、手鐲、腳鐲。左手施禪定印，右手施與願印。全跏趺坐於單層覆蓮底座上。身後有綠色圓形身光，繪金色光線。

圖 28-10　密德文殊室利佛

此佛位於度生佛左側下方。深黃色身，六面二臂。六面分兩層：上層一面，螺髮高髻佛面，寂靜相；下層五面，均戴五葉冠，葫蘆形髮髻，繫紅色束髮繪帶，寂靜相。頭後有粉色圓形頭光。袒露上身，肩披青綠色天衣，下身著粉紅色裙，佩飾耳璫、項鍊、臂釧、手鐲、腳鐲。雙手於胸前施說法印，並各執蓮花莖，白色蓮花置於雙肩，花心上各托梵篋。全跏趺坐於單層覆蓮底座上。身後有藍色圓形身光，繪金色光線。

圖 28-11　能勝三界佛

此佛位於普慧毗盧佛左側下方。藍黑色身，一面三目二臂。頭戴骷髏冠，褐髮高聳，繫紅色束髮繪帶，忿怒相。赤裸全身，肩披綠色帛帶，腰束虎皮裙，佩飾耳璫、項鍊、臂釧、手鐲、腳鐲。雙手胸前相交，左手持金剛鈴，右手持金剛杵。展左立，雙足下各踩一人。人皆白色身，袒露上身，下身著裙，手捧嘎巴拉碗、三尖叉。人下為單層覆蓮底座。佛身後有紅色身光，四周環繞紅黃色火焰。

圖 28-12　九頂佛

此佛位於密德文殊室利佛左側下方。黃色身，一面二臂。頭戴五葉冠，葫蘆形髮髻，繫紅色束髮繪帶，眉間有白毫，寂靜相。頭後有綠色圓形頭光。袒露上身，肩披綠色天衣，下身著紅色裙，佩飾耳璫、項鍊、臂釧、手鐲、腳鐲。雙手於胸前施說法印。全跏趺坐於單層覆蓮底座上。身後有藍色圓形身光，繪金色光線。

圖 28-4　普慧毗盧佛

115

圖 28-5　最上功德佛　　　　　　　　　　　　　　　　圖 28-6　金剛界佛

圖 28-7　法界妙音自在佛　　　　　　　　　　　　　　圖 28-8　成就佛

圖 28-9　度生佛

圖 28-10　密德文殊室利佛

圖 28-11　能勝三界佛

圖 28-12　九頂佛

圖 29-1　四室樓上西門説語

瑜伽根本經內所出本意佛像，又若諸佛出生根本經、講議根本經、同義根本經及諸經論觀想法、壇城儀軌祕密法、諸品行持法等注疏，皆宜藏度，是為最上福田，功德不可思議。

第四妙吉祥大寶樓上供奉如是大乘祕密經四大根本內瑜伽根本經品內普慧毗盧佛、金剛界佛、度生佛、成就佛、能勝三界佛、最上功德佛、密德文殊室利佛、法界妙音自在佛、九頂佛等，其經則除諸惡趣根本經，以及瑜伽根本金剛勇識佛、月明尊者所傳黃文殊室利佛、白手持金剛佛、火焰光佛、大安樂佛、青不動佛、青不動金剛佛、不動姓佛等

圖 29　說語

縱 50 公分、橫 73.5 公分（每幅）。

F4SY：1、F4SY：2

說語分別位於四室樓上西門和東門上方。磁青紙，泥金字，四周壓硬木框。西門上方的 F4SY：1 說語為漢、滿二體，東門上方的 F4SY：2 說語為蒙、藏二體。

漢文說語

第四妙吉祥大寶樓上供奉如是大乘祕密經四大根本內瑜伽

根本經品內普慧毗盧佛、金剛界佛、度生佛、成就佛、能勝三界佛、最上功德佛、密德文殊室利佛、法界妙音自在佛、九頂佛等，其經則除諸惡趣根本經，以及瑜伽根本金剛勇識佛、月明尊者所傳黃文殊室利佛、白手持金剛佛、火焰光佛、大安樂佛、青不動佛、青不動金剛佛、不動姓佛等瑜伽根本經內所出本意佛像，又若諸佛出生根本經、講議根本經、同義根本經及諸經論觀想法、壇城儀軌祕密法、諸品行持法等注疏，皆宜藏度，是為最上福田，功德不可思議。

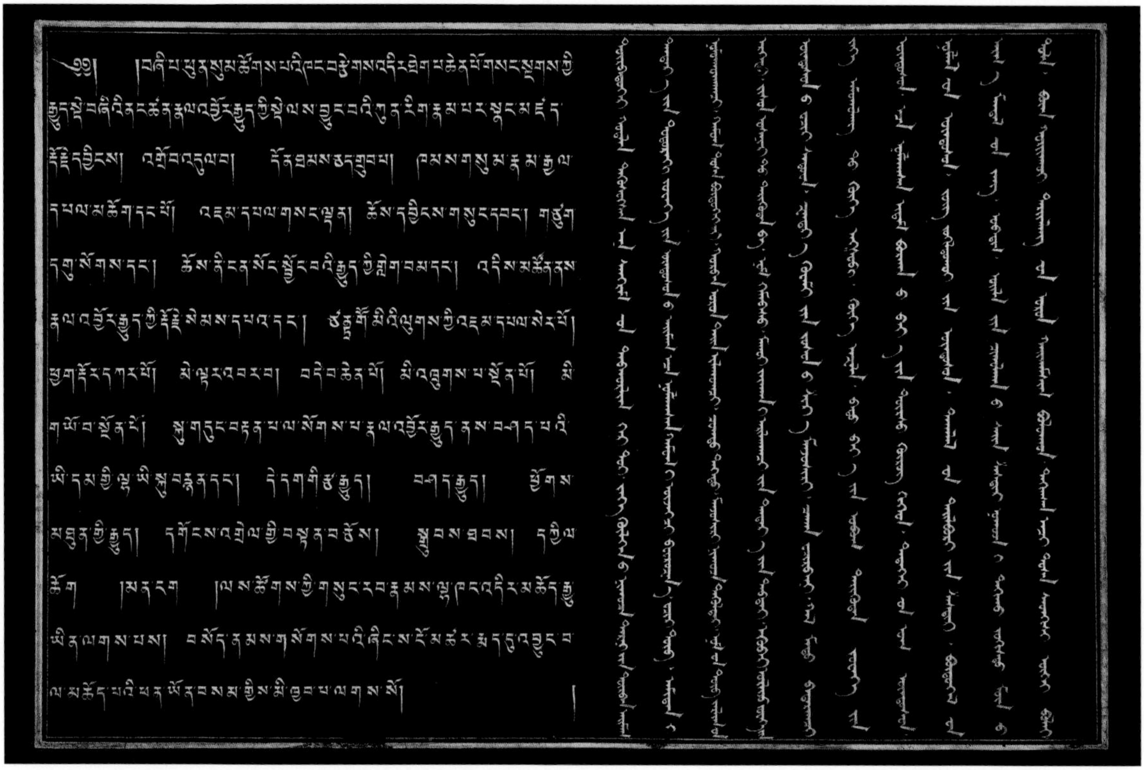

圖 29-1　四室樓上東門説語

▌ 五室德行根本品畫像 ▌

圖 30　六品佛畫像

縱 163 公分，橫 295 公分。

F5SH：1（故 199998）

畫像掛供於五室樓上北壁正中。布本，彩繪，四周鑲紅色

織金錦邊。色彩有剝落，錦邊有磨損。主體部分中為巨集光顯耀菩提佛，周圍伏魔手持金剛佛、黑摧碎金剛佛、佛眼佛母、白衣佛母、善行手持金剛佛、白馬頭金剛佛、嘛嘛基佛母、青救度佛母，共九尊德行根本品主尊畫像。宏光顯耀菩提佛上方繪有裝飾瓔珞彩帶的華蓋、佛兩側天空祥雲飄浮，雲中有十四位手持供器、傘蓋、幡幢的天女，

圖 30-1

六品佛畫像

下方繪有青山綠水和花草樹木。

圖 30-2　六品佛畫像局部

圖 30-3 六品佛畫像局部

123

圖 30-4 宏光顯耀菩提佛

此佛位居正中。黃色身，一面二臂。頭戴五葉冠，葫蘆形髮髻，繫紅色束髮繒帶，寂靜相。眉間有白毫。頭後有綠色圓形頭光。袒露上身，肩披綠色天衣，下身著兩層裙，外裙為綠邊紅色，內裙為藍邊紅色，佩飾耳璫、項鍊、臂釧、手鐲、腳鐲。雙手施禪定印。全跏趺坐於單層仰蓮底座上。身後有內藍色、外粉色圓形身光，周圍飾五大朵蓮花。蓮座前溪水中生出粉色蓮花一枝，上托法輪，法輪外飾黃色火焰。

圖 30-5 佛眼佛母

佛母位於宏光顯耀菩提佛最右側下方。黃色身，一面二臂。頭戴五葉冠，高髮髻，繫紅色束髮繒帶，寂靜相。眉間有白毫。頭後有綠色圓形頭光。袒露上身，肩披綠色帛帶，胸前斜披紅色絡腋，下身著兩層裙，外裙為藍邊粉色，內裙為紅色，佩飾耳璫、項鍊、臂釧、手鐲、腳鐲。雙手捧佛冠於胸前。右舒坐於單層覆蓮底座上。身後有粉色圓形身光，繪金色光線。

圖 30-6 伏魔手持金剛佛

此佛位於宏光顯耀菩提佛右側上方。藍黑色身，一面三目四臂。頭戴五葉冠，褐髮高聳，繫紅色束髮繒帶，忿怒相。赤裸全身，肩披綠色帛帶，腰束虎皮裙，佩飾耳璫、寶珠項鍊和人頭項鬘、臂釧、手鐲、腳鐲。左右元手胸前相交，各施期克印；左副手持索，右副手舉金剛杵。展左立，雙足下踩一白色人。此人俯臥，一面四臂，頭戴五葉冠，袒露上身，肩披淡紫色帛帶，下身著外藍、內紅色雙層裙，左手自上而下分別持嘎巴拉碗、三尖叉，右手自上而下持嘎巴拉鼓、鉞刀。人下為單層覆蓮底座。佛身後有紅色桃形身光，繪金色光線，邊緣飾橙色卷草紋。

圖 30-7 白衣佛母

佛母位於佛眼佛母右側下方。白色身，一面二臂。頭戴五葉冠，高髮髻，耳後有束髮繒帶，寂靜相。眉間有白毫，頭後有綠色圓形頭光。袒露上身，肩披橙色帛帶，胸前斜披紅色絡腋，下身著兩層裙，外裙為綠邊亮黃色，內裙為紅色，佩飾耳璫、項鍊、臂釧、手鐲、腳鐲。雙手執蓮花莖，白色蓮花置於左肩。右舒坐於單層覆蓮底座上。身後有內藍色、外黃色圓形身光，繪金色光線。

圖 30-8 黑摧碎金剛佛

此佛位於宏光顯耀菩提佛右側下方。藍黑色身，一面三目二臂。頭戴五葉冠，褐髮高聳，繫紅色束髮繒帶，忿怒相。赤裸全身，肩披綠色帛帶，腰纏紅色圍裙，佩飾耳璫、項鍊、臂釧、手鐲、腳鐲。左手持金剛鈴，右手高舉金剛交杵。展左立於單層覆蓮座上。身後有粉色桃形身光，繪金色光線，邊緣飾橙色卷草紋。

圖 30-9 善行手持金剛佛

此佛位於宏光顯耀菩提佛左側上方。藍黑色身，一面三目二臂。頭戴五葉冠，褐髮高聳，繫紅色束髮繒帶，口叼一青蛇，忿怒相。赤裸全身，肩披綠色帛帶，身披獸皮，除耳璫外，所佩飾的項鍊、臂釧、手鐲、腳鐲均由青色蛇纏繞而成。左手持金剛鈴；右手施期克印，並持金剛杵。展左立於單層覆蓮底座上。身後有粉色桃形身光，繪金色光線，邊緣飾橙色卷草紋。褐色頭髮中間為不動佛。不動佛藍色身，螺髮高髻，寂靜相。頭後有綠色圓形頭光。身披袒右肩式紅色袈裟。左手施禪定印，右手施觸地印，全跏趺坐於單層蓮座上，蓮座前橫置金剛杵。身後有藍色圓形身光。

善行手持金剛佛身後有二梵天：左邊梵天紅色上身，藍色腿，頭戴五葉冠，寂靜相。袒露上身，肩披綠色帛帶，下身著粉色裙，左手持白色蓮花，騎坐於綠馬背上；右邊梵天黃色上身，藍色腿，亦頭戴五葉冠，寂靜相。袒露上身，肩披粉色帛帶，下身著紅色裙，手持法器，騎坐於白象背上。

圖 30-10 嘛嘛基佛母

佛母位於善行手持金剛佛左側下方。藍色身，一面二臂。頭戴五葉冠，高髮髻，繫紅色束髮繒帶，寂靜相。眉間有白毫，頭後有綠色圓形頭光。袒露上身，肩披暗黃色帛帶，胸前斜披紅色絡腋，下身著兩層裙，外裙為綠邊淡黃色，內裙為紅色，佩飾耳璫、項鍊、臂釧、手鐲、腳鐲。左手施說法印，右手托金剛立杵。右舒坐於單層覆蓮底座上。身後有粉色圓形身光，繪金色光線。

圖 30-11 白馬頭金剛佛

此佛位於宏光顯耀菩提佛左側下方。白色身，一面三目二臂。頭戴五葉冠，褐髮高聳，繫紅色束髮繒帶，忿怒相。

圖 30-4　宏光顯耀菩提佛

赤裸全身，肩披綠色帛帶，腰纏紅色圍裙，佩飾耳璫和由花草編織而成的項鍊。左手施期克印，右手舉金剛棒。展左立於單層覆蓮底座上。身後有紅色桃形身光，繪金色光線，邊緣飾橙色卷草紋。

圖 30-12　青救度佛母

佛母位於嘛嘛基佛母左側下方。藍色身，一面二臂。頭戴五葉冠，高髮髻，繫紅色束髮繒帶，寂靜相，眉間有白毫，頭後有綠色圓形頭光。袒露上身，肩披外橙色內淡黃色帛帶，胸前斜披紅色絡腋，下身著兩層裙，外裙為綠邊亮黃色，內裙為紅色，佩飾耳璫、項鍊、臂釧、手鐲、腳鐲。雙手合十，掌心相對，內夾一蓮花莖，白色蓮花置於左肩。右舒坐於單層覆蓮底座上。身後有內藍色、外黃色圓形身光，繪金色光線。

圖 30-5　佛眼佛母

圖 30-6　伏魔手持金剛佛

圖 30-7　白衣佛母

圖 30-8　黑摧碎金剛佛

圖 30-9　善行手持金剛佛

圖 30-10　嘛嘛基佛母

圖 30-11　白馬頭金剛佛

圖 30-12　青救度佛母

第五妙吉祥大寶樓上供奉如是大乘
秘密經四大根本內德行根本品內宏
光顯耀菩提佛伏魔手持金剛佛善行
手持金剛佛黑摧碎金剛佛白馬頭金
剛佛佛眼佛母嘛嘛基佛母白衣佛母
青救度佛母等其經則大宏光顯耀菩
提根本經以及大宏光顯耀菩提根本
伏魔手持金剛根本等德行根本品內
所出本意佛像皆宜藏度是為最上福
田功德不可思議

圖 31-1　五室樓上西門說語

圖 31　說語

縱 50 公分，橫 73.5 公分（每幅）。

F5SY：1、F5SY：2

說語分別位於五室樓上西門和東門上方。磁青紙，泥金字，
四周壓硬木框。西門上方的 F5SY：1 說語為漢、滿二體，
東門上方的 F5SY：2 說語為蒙、藏二體。

漢文說語

第五妙吉祥大寶樓上供奉如是大乘祕密經四大根本內德行
根本品內宏光顯耀菩提佛、伏魔手持金剛佛、善行手持金
剛佛、黑摧碎金剛佛、白馬頭金剛佛、佛眼佛母、嘛嘛基
佛母、白衣佛母、青救度佛母等，其經則大宏光顯耀菩提
根本經，以及大宏光顯耀菩提根本、伏魔手持金剛根本等
德行根本品內所出本意佛像，皆宜藏度，是為最上福田，
功德不可思議。

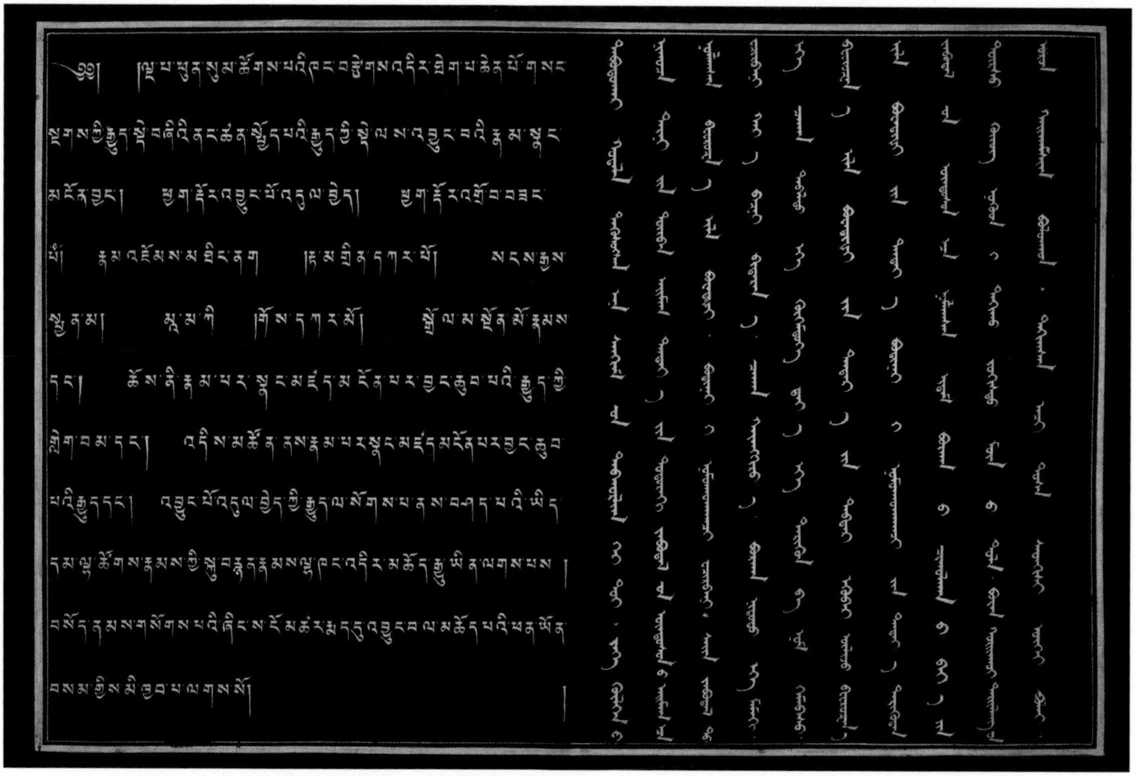

圖 31-2　五室樓上東門說語

六室功行根本品畫像

圖32　六品佛畫像

縱 163 公分，橫 295 公分。

F6SH：1（故 199999）

畫像掛供於六室樓上北壁正中。布本，彩繪，四周鑲紅色

織金錦邊。色彩有剝落，錦邊有磨損。正中為無量壽佛，周圍十一面觀世音、尊勝佛母、白救度佛母、積光佛母、四臂觀世音、白傘蓋佛母、綠救度佛母、隨求佛母，共九尊功行根本品主尊畫像。無量壽佛上方繪有裝飾瓔珞彩帶的華蓋、佛兩側天空祥雲飄浮，雲中有十四位手持供器、傘蓋、幡幢的天女，下方繪有青山綠水和花草樹木。

圖 32-1

六品佛畫像

圖 32-2　六品佛畫像局部

圖 32-3　六品佛畫像局部

圖 32-4　無量壽佛

此佛位居正中。紅色身，一面二臂。頭戴五葉冠，葫蘆形髮髻，繫白色束髮繒帶，寂靜相。眉間有白毫。頭後有綠色圓形頭光。袒露上身，肩披綠色天衣，下身著兩層裙，外裙為綠邊黃色，內裙為綠邊粉色，佩飾耳璫、項鍊、臂釧、手鐲、腳鐲。雙手施禪定印，掌心上托金色寶瓶。全跏趺坐於單層仰蓮底座上。身後有內藍色、外黃色圓形身光，繪金色光線。周圍飾花朵綠葉。蓮座前溪水中繪藍色寶珠、琴。

圖 35-5　白救度佛母

佛母位於無量壽佛最右側下方。白色身，一面七目二臂，其中面上三目，左右手心和左右腳心各一目。頭戴五葉冠，葫蘆形髮髻，繫紅色束髮繒帶，寂靜相。頭後有粉色圓形頭光。袒露上身，肩披紅色天衣，下身著兩層裙，外裙為藍邊綠色，內裙為綠邊橙色，佩飾耳璫、項鍊、臂釧、手鐲、腳鐲。左手執蓮花莖，白色蓮花置於左肩；右手施與願印。全跏趺坐於單層覆蓮底座上。身後有內藍色、外黃色圓形身光，繪金色光線。

圖 32-6　十一面觀世音

菩薩位於無量壽佛右側上方。白色身，十一面八臂。十一面分五層：從上往下第一層一面，臉色呈紅色，螺髮高髻，寂靜相。第二層一面，面呈藍黑色，頭戴骷髏冠，褐髮高聳，忿怒相；第三層三面，均頭戴五葉冠，寂靜相，三面從左至右分別為綠、紅、白三種臉色；第四層三面，亦均頭戴五葉冠，寂靜相，眉間有白毫，三面從左至右分別為白、綠、紅三種臉色；第五層三面，均頭戴五葉冠，繫紅色束髮繒帶，寂靜相，眉間有白毫，三面從左至右分別為紅、白、綠三種臉色。頭後有藍色葫蘆形頭光，邊緣飾四層邊緣。袒露上身，肩披綠色天衣，胸前斜披灰色羊皮，下身著兩層裙，外裙為綠邊橙色，內裙為紅色，佩飾耳璫、項鍊、臂釧、手鐲、腳鐲。左右元手於胸前合十；左副手自上而下分別持白色蓮花、弓箭、奔巴壺，右副手自上而下分別持念珠、法輪、施與願印，其中最下方的右副手的手心還有一目。直立於雙層仰覆蓮底座上。身後有內藍色、外粉色橢圓形身光，繪金色光線。

圖 32-7　積光佛母

佛母位於白救度佛母右側下方。紅色身，一面三目二臂。

圖 32-8　尊勝佛母

佛母位於無量壽佛右側下方。白色身，三面八臂。每面各三目，頭戴五葉冠，葫蘆形髮髻，繫紅色束髮繒帶，寂靜相。三面從左至右分別為藍、白、黃三種臉色。頭後有藍色圓形頭光。袒露上身，肩披橙色天衣，下身著兩層裙，外裙為橙邊淡黃色，內裙為綠邊紅色，佩飾耳璫、項鍊、臂釧、手鐲、腳鐲。左元手持索，右元手托金剛交杵；左副手自上而下分別施無畏印、持弓、托金色寶瓶，右副手自上而下分別托一化佛、持箭、施與願印。全跏趺坐於單層覆蓮底座上。身後有內綠色、外粉色圓形身光，繪金色光線。

圖 32-9　四臂觀世音

菩薩位於無量壽佛左側上方。白色身，一面四臂。頭戴五葉冠，葫蘆形髮髻，繫紅色束髮繒帶，寂靜相。眉間有白毫。頭後有綠色圓形頭光。袒露上身，肩披綠色天衣，胸前斜披灰色羊皮，下身著兩層裙，外裙為綠邊黃色，內裙為藍紫邊紅色，佩飾耳璫、項鍊、臂釧、手鐲、腳鐲。左右元手於胸前合十；左副手持白色蓮花，右副手持念珠。全跏趺坐於單層覆蓮底座上。身後有內藍色、外粉色圓形身光，繪金色光線。

圖 32-10　綠救度佛母

佛母位於四臂觀世音左側下方。綠色身，一面二臂。頭戴五葉冠，高髮髻，繫紅色束髮繒帶，寂靜相。眉間有白毫。頭後有粉色圓形頭光。袒露上身，肩披紅色天衣，胸前斜披白色絡腋，下身著兩層裙，外裙為灰邊淡黃色，內裙為綠邊橙色，佩飾耳璫、項鍊、臂釧、手鐲、腳鐲。左手執蓮花莖，白色蓮花置於左肩；右手施與願印。右舒坐於單層覆蓮底座上。身後有內藍色、外黃色圓形身光，繪金色光線。

那頭戴骷髏冠，黃髮高聳，繫黃色束髮繒帶，寂靜相。赤裸全身，肩披綠色帛帶，腰束虎皮裙，佩飾耳璫、寶珠項鍊和人頭項鬘、臂釧、手鐲、腳鐲。左手持白色蓮花，右手施期克印。展足立，雙足下各踩二人。左足下之人分別為黃色身和藍色身，右足下之人分別為白色身和紅色身，人皆俯臥，袒露上身，下身著裙。人下為橢圓形單層蓮底座，蓮座置於七頭黑豬拉的雙輪車上，雙輪車奔騰於綠色祥雲中。佛母身後有藍色橢圓形身光，繪金色光線。

圖 32-4 無量壽佛

圖 32-11　白傘蓋佛母

佛母位於無量壽佛左側下方。白色身，三面八臂。每面各三目，頭戴五葉冠，葫蘆形髮髻，寂靜相。三面從左至右分別為紅、白、黃三種臉色。頭後有藍色圓形頭光。祖露上身，肩披橙色帛帶，下身著兩層裙，外裙為橙色邊淡紫色，內裙為綠邊紅色，佩飾耳璫、項鍊、臂釧、手鐲、腳鐲。左元手持傘，右元手持蓋；左副手自上而下分別持法輪、弓、索，右副手自上而下分別持金剛杵、箭、金剛鉤。全跏趺坐於單層覆蓮底座上。身後有內綠色、外粉色圓形身光，繪金色光線。

圖 32-12　隨求佛母

佛母位於綠救度佛母左側下方。黃色身，四面八臂。每面各三目，頭戴五葉冠，葫蘆形髮髻，繫紅色束髮繒帶，寂靜相。四面從左至右分別為紅、黃、白、藍四種臉色。頭後有綠色圓形頭光。祖露上身，肩披綠色天衣，下身著兩層裙，外裙為藍邊橙色，內裙為綠邊紅色，佩飾耳璫、項鍊、臂釧、手鐲、腳鐲。左元手持金剛杵，右元手持箭；左副手自上而下分別持弓、索、鉞刀，右副手自上而下分別持藍色火焰寶劍、法輪、三尖叉。全跏趺坐於單層覆蓮底座上。身後有藍色圓形身光，繪金色光線。

圖 35-5　白救度佛母圖

圖 32-6　十一面觀世音

圖 32-7　積光佛母

圖 32-8　尊勝佛母

圖 32-9　四臂觀世音

圖 32-10　綠救度佛母

圖 32-11　白傘蓋佛母

圖 32-12　隨求佛母

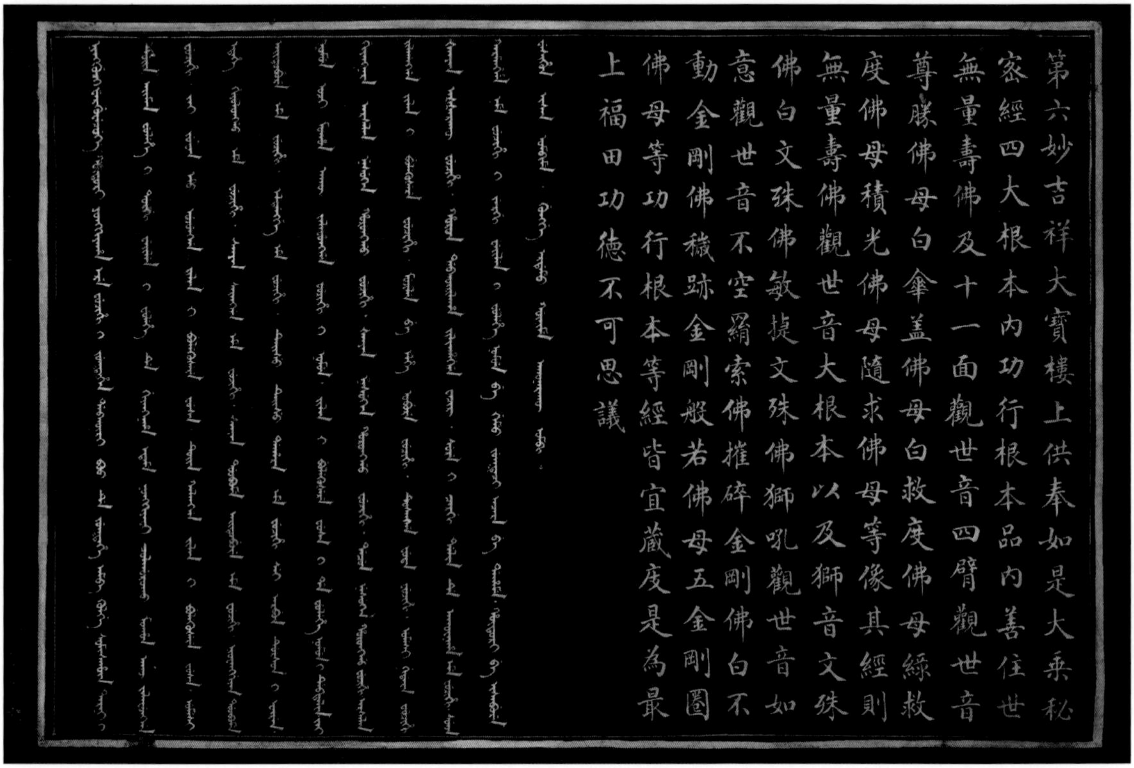

上福田功德不可思議
佛母等功行根本等經皆宜藏度是為最
動金剛佛積跡金剛般若佛母五金剛圍
意觀世音不空索佛摧碎金剛佛白不
佛白文殊佛敏捷文殊佛獅吼觀世音如
無量壽佛觀世音大根本以及獅音文殊
度佛母積光佛母隨求佛母等像其經則
尊勝佛母白傘蓋佛母白救度佛母綠救
無量壽佛及十一面觀世音四臂觀世音
密經四大根本內功行根本品內善住世
第六妙吉祥大寶樓上供奉如是大乘祕

圖 33-1　六室樓上西門說語

圖 33　說語

縱 50 公分，橫 73.5 公分（每幅）。

F6SY：1、F6SY：2

說語分別位於六室樓上西門和東門上方。磁青紙，泥金字，四周壓硬木框。西門上方的 F6SY：1 說語為漢、滿二體，東門上方的 F6SY：2 說語為蒙、藏二體。

漢文說語

第六妙吉祥大寶樓上供奉如是大乘祕密經四大根本內功行根本品內善住世無量壽佛及十一面觀世音、四臂觀世音、尊勝佛母、白傘蓋佛母、白救度佛母、綠救度佛母、積光佛母、隨求佛母等像，其經則無量壽佛觀世音大根本以及獅音文殊佛、白文殊佛、敏捷文殊佛、獅吼觀世音、如意觀世音、不空索佛、摧碎金剛佛、白不動金剛佛、穢跡金剛般若佛母、五金剛圍佛母等功行根本等經，皆宜藏度，是為最上福田，功德不可思議。

圖 33-2　六室樓上東門說語

四　六品護法神畫像與說帖

梵華樓一至六室樓下正中供琺瑯大佛塔，北、西、東三面牆上掛畫像唐卡三幅，每幅畫像繪三位護法神，以北壁正中者為主神，左右八位為伴神，每室九位護法神。六室總計十八幅，共計五十四尊護法神。梵華樓六品佛每品主護法神與八位元從神的組合關係是：

一室般若品，顯教部，主神白勇保護法；從神四大天王、梵王、帝釋、歡喜近喜二龍王。

二室無上陽體根本品，無上瑜伽部父續，主神六臂勇保護法；從神：四位護法神、四位閻王。

三室無上陰體根本品，無上瑜伽部母續，主神宮室勇保護法；從神：四面、四臂大黑護法、婆羅門護法、墳主護法、四位鄔魔天女。

四室瑜伽根本品，瑜伽部，主神吉祥天母；從神：四位業力女神、四位四季女神。

五室德行根本品，行部，主神紅勇保護法；從神：三位持棒、騎虎、騎獅大黑護法、五位財神。

六室功行根本品，事部，主神騎獅黃財寶天王；從神八馬王。

圖 34　護法神畫像（一）

縱 226 公分，橫 335 公分。

F1XH：1（故 200018 2/3）

畫像掛供於一室樓下北壁。主體部分繪有三尊護法神，即白勇保護法、梵王、帝釋。上方亦繪有天眾和五彩祥雲，下方則繪山水、五彩祥雲和各色寶珠。

圖 34-1　護法神畫像（一）

圖 34-2　白勇保護法

此神位於北壁，居中。白色身，一面三目六臂。頭戴五葉冠，褐色卷髮高聳，三目圓睜，忿怒相。赤裸上身，肩披綠色帛帶，佩飾耳璫、項鍊、手鐲、瓔珞、腳鐲，下身著裙。左元手捧嘎巴拉碗於腹前，右元手捧摩尼寶珠於胸前。左副手自上而下分別持三尖叉、金剛鉤；右副手自上而下分別持鉞刀、嘎巴拉鼓。直立，雙足各踩一象頭神，下為單層覆蓮底座。身後有紅色圓形身光，繪金色光線，邊緣飾五色火焰。四周環繞綠色祥雲。

圖 34-3　梵王

此神位於白勇保護法右側。黃色身，四面二臂。頭戴五葉冠，葫蘆形髮髻，繫紅色束髮繒帶，寂靜相，眉間有白毫。頭後有綠色圓形頭光。祖露上身，佩飾項鍊、臂釧、手鐲、瓔珞、腳鐲，下身著裙。雙手捧法輪於胸前。直立於單層覆蓮底座之上。身後有粉色橢圓形身光，繪金色光線。四周環繞紅、綠、黃、藍四色祥雲。

圖 34-4　帝釋

此神位於白勇保護法左側。白色身，一面二臂。頭戴五葉冠，葫蘆形髮髻，繫紅色束髮繒帶，寂靜相。眉間有白毫。頭後有綠色圓形頭光。祖露上身，佩飾耳璫、項鍊、手鐲、瓔珞、腳鐲，下身著裙。雙手捧海螺於胸前。直立於單層覆蓮底座之上。身後有粉色橢圓形身光，繪金色光線。四周環繞紅、綠、黃、藍四色祥雲。

圖 34-2　白勇保護法

144

圖 34-3　梵王

圖 34-4　帝釋

146

圖 35 護法神畫像（二）

縱 226 公分、橫 309 公分。

F1XH：2（故 200018 3/3）

畫像掛供於一室樓下西壁。主體部分繪有三尊
護法神，即廣目天王、難陀龍王、持國天王。
上方亦繪有天眾和五彩祥雲，下方則繪山水、
白色祥雲和各色寶珠。

圖 35-1　護法神畫像（二）

149

圖 35-2　廣目天王

此神位於西壁居中。紅色身，一面二臂。頭戴五葉冠，繫紅色束髮繒帶，雙目圓睜，連腮鬍鬚。頭後有綠色圓形頭光，邊緣飾紅、黃二色火焰。肩披藍色帛帶，身穿鎧甲。左手托白塔，右手握蛇。站立於岩石平面之上。身後飾黑色火焰。

圖 35-3　難陀龍王

此神位於廣目天王右側。白色身，一面二臂。頭戴五葉冠，頭頂七條蛇，葫蘆形髮髻，繫紅色束髮繒帶，寂靜相。頭後有粉色圓形頭光。袒露上身，肩披紅色帛帶，佩飾耳璫、項鍊、手鐲、瓔珞。雙手於胸前捧摩尼寶珠。下半身為綠色龍身，隱藏於藍色海水中。身後飾綠色祥雲。

圖 35-4　持國天王

此神位於廣目天王左側。白色身，一面二臂。頭戴冑，上插羽毛紅纓，繫紅色束髮繒帶，雙目微眯，連腮鬍鬚。頭後有粉色圓形頭光，邊緣飾紅、黃二色火焰。肩披綠色帛帶，身穿鎧甲。雙手彈撥琵琶，琵琶上端為一獸頭，紅臉綠鬃。站立於岩石平面之上。身後飾青色火焰。

圖 35-2　廣目天王

150

圖 35-3　難陀龍王

圖 35-4　持國天王

圖 36　護法神畫像（三）

縱 226 公分、橫 309 公分。

F1XH：3（故 200018 1/3）

畫像掛供於一室樓下東壁。主體部分繪有三尊護法神，即財寶天王、增長天王、優波難陀龍王。上方還繪有天眾和五彩祥雲，下方則繪山水、白色祥雲和各色寶珠。

圖36-1　護法神畫像（三）

圖 36-2　財寶天王

此神又稱多聞天王，位於東壁居中。黃色身，一面二臂。頭戴五葉冠，繫紅色束髮繒帶，雙目圓睜，連腮鬍鬚。頭後有藍灰色圓形頭光，邊緣飾紅、黃二色火焰。肩披綠色帛帶，身穿鎧甲。左手握吐寶鼠，右手執寶幢。站立於岩石平面之上。身後飾黑色火焰。

圖 36-3　增長天王

此神位於財寶天王右側。藍色身，一面二臂。頭戴五葉冠，繫黃色束髮繒帶，雙目圓睜，絡腮鬍鬚。頭後有粉色圓形頭光，邊緣飾紅黃二色火焰。肩披藍色帛帶，身穿鎧甲。左手叉腰，右手握藍色寶劍，寶劍前端飾紅、黃二色火焰。站立於岩石平面之上。身後飾綠色火焰。

圖 36-4　優波難陀龍王

此神位於財寶天王左側。白色身，一面二臂。頭戴五葉冠，頭頂七條蛇，葫蘆形髮髻，繫紅色束髮繒帶，寂靜相。頭後有粉色圓形頭光。袒露上身，肩披紅色帛帶，佩飾耳璫、項鍊、手鐲、瓔珞。雙手於胸前捧摩尼寶珠。下半身為綠色龍身，隱藏於藍色海水中。身後飾綠色祥雲。形象與難陀龍王一樣。

圖 36-2　財寶天王

156

圖 36-3　增長天王

圖 36-4　優波難陀龍王

圖 37-1　一室樓下西門說語

圖 37　說語

縦 50 公分、横 73.5 公分（每幅）

F1XY：1、F1XY：2

說語分別位於一室樓下西門上方和東門上方。磁青紙，泥金字，四周壓硬木框。西壁南側畫像上方的 F1XY：1 說語為漢、滿二體；東門上方的 F1XY：2 說語為蒙、藏二體。

漢文說語

第一妙吉祥大寶樓下供奉大乘般若經品護法：白勇保護法，持國天王、增長天王、廣目天王、財寶天王、梵王、帝釋、難陀龍王、優波難陀龍王等像。諸如大諸天、大龍王、大藥剎將護法、大神祇往昔曾於佛前各各發大誓願，若有皈依三寶，敬信長者居士，常隨擁佑，如是護法等像，皆可供奉。

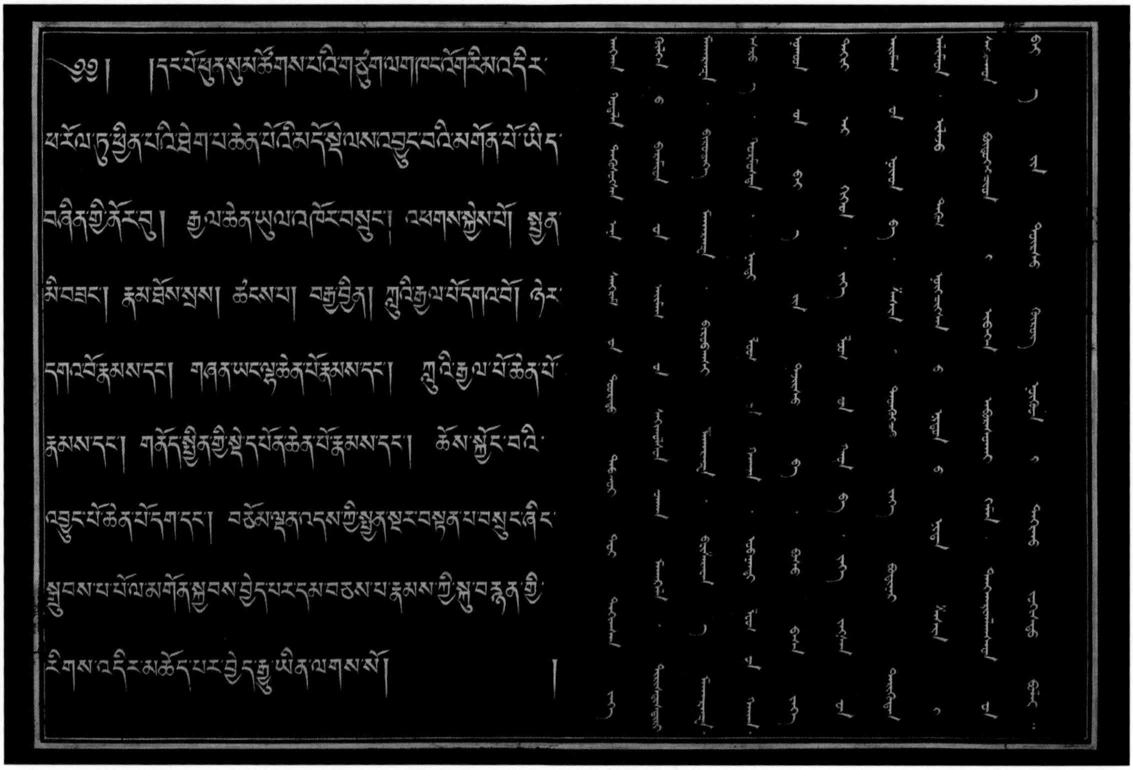

圖 37-2　一室樓下東門説語

▌二室無上陽體根本品畫像▌

圖 38　護法神畫像（一）

縱 226 公分，橫 335 公分。

F2XH：1（故 199960 2/3）

畫像掛供於二室樓下北壁。主體部分繪有三尊護
法神，即六臂勇保護法、護國護法、尊親護法。
上方繪有天眾和五彩祥雲，下方繪山水和祥雲，
山水間還繪有三件周圍飾火焰的嘎巴拉碗。

圖 38-1　護法神畫像（一）

圖 38-2　六臂勇保護法

此神位於北壁，居中。黑色身，一面三目六臂。頭戴骷髏冠，褐髮高聳，繫紅色束髮繒帶，忿怒相。赤裸全身，頸掛人頭項鍊，肩披綠色帛帶，佩飾耳璫、臂釧、手鐲、腳鐲。左、右元手分別持嘎巴拉碗和鉞刀於胸前；左副手自上而下分別持三尖叉、金剛索，右副手自上而下分別持頭骨釧、嘎巴拉鼓。展左立，足下踩一白色象頭神。下為單層覆蓮底座。身後飾紅、黃二色火焰。

圖 38-3　護國護法

此神位於六臂勇保護法右側。藍黑色身，一面三目二臂。頭戴骷髏冠，褐髮高聳，忿怒相。赤裸全身，肩披人皮，佩飾耳璫、項鍊、臂釧、手鐲、腳鐲。左手捧嘎巴拉碗，右手舉鉞刀。跪騎在黑熊背上。身後飾粉、紅二色火焰。

圖 38-4　尊親護法

此神位於六臂勇保護法左側。藍黑色身，一面三目二臂。頭戴骷髏冠，褐髮高聳，繫紅色束髮繒帶，忿怒相。身著藍色面子、黃色裡子、綠色邊、黃花紋的右衽大袍，佩飾耳璫、項鍊、臂釧、手鐲、腳鐲。左手捧嘎巴拉碗於胸前，右手高舉嘎巴拉鼓。展左立於一白色仰臥人身上。下為單層覆蓮底座。身後飾灰、紅二色火焰。

圖 38-2　六臂勇保護法

164

圖38-3　護國護法

圖38-4　尊親護法

圖 39　護法神畫像（二）

<u>縱 226 公分，橫 309 公分。</u>

<u>F2XH：2（故 199960 3/3）</u>

畫像掛供於二室樓下西壁。主體部分繪有三尊
護法神，即柔善法帝護法、權德法帝護法，宜
帝護法。上方繪有天眾和五彩祥雲，下方繪山
水和祥雲，山水間還繪有三件周圍飾火焰的嘎
巴拉碗和摩尼寶珠。

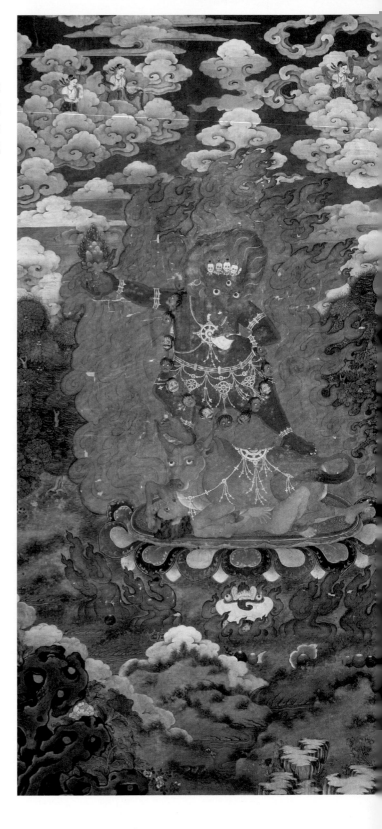

圖 39-1　護法神畫像（二）

169

圖 39-2　柔善法帝護法

此神位於西壁，居中。白色身，一面三目二臂。頭戴骷髏冠，褐髮高聳，牛頭忿怒相。赤裸全身，頸掛人頭項鍊，佩飾項鍊、臂釧、手鐲、腳鐲，腰圍瓔珞。左手持槍，右手持嘎巴拉鼓。展左立於白牛背上，牛下一灰色人，仰臥。下為單層覆蓮底座。身後飾紅、黃二色火焰。

圖 39-3　權德法帝護法

此神位於柔善法帝護法右側。紅色身，一面三目二臂。頭戴骷髏冠，褐髮高聳，牛頭忿怒相。赤裸全身，頸掛人頭項鍊，佩飾項鍊、臂釧、手鐲、腳鐲，腰圍瓔珞。左手捧嘎巴拉碗，右手捧摩尼寶珠。展左立於紅牛背上，牛下一灰色人，仰臥，下為單層覆蓮底座。身後飾黃色火焰。

圖 39-4　宜帝護法

此神位於柔善法帝護法左側。紅色身，一面三目二臂。頭戴骷髏冠，褐髮高聳，忿怒相。赤裸全身，肩披藍色帛帶，佩飾耳璫、項鍊、臂釧、手鐲、腳鐲。左手施期克印，右手持嘎巴拉鼓。舞立，足下踩一白色人，仰臥。下為單層覆蓮底座。身後飾紅、黃二色火焰。

圖 39-2　柔善法帝護法

170

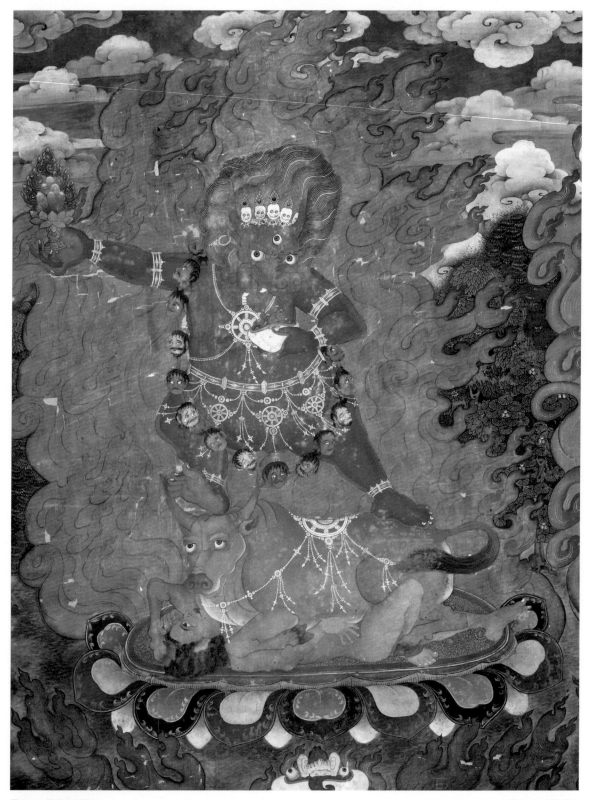

圖 39-3　權德法帝護法

圖 39-4　宜帝護法

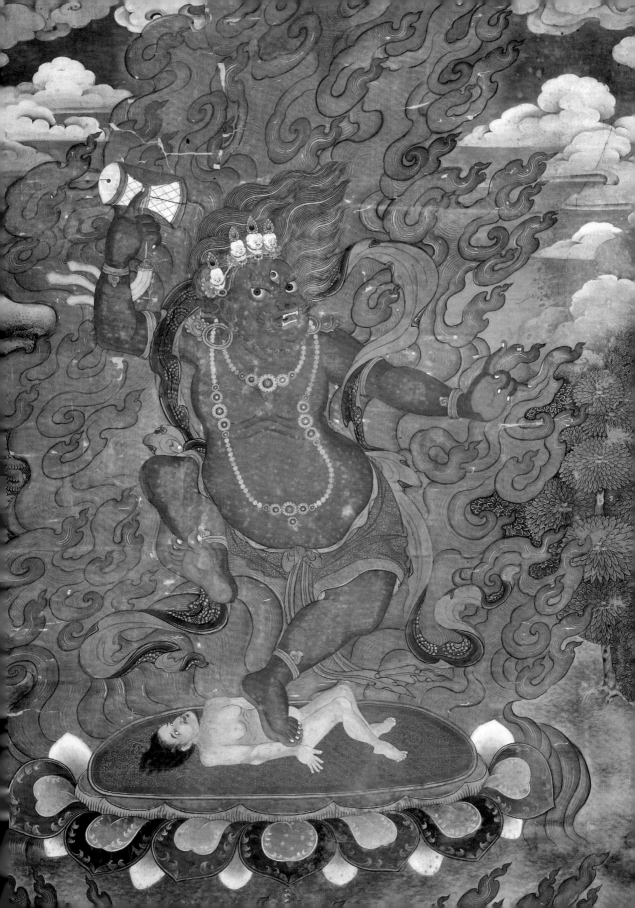

圖 40　護法神畫像（三）

縱 226 公分，橫 309 公分。

F2XH：3（故 199960 1/3）

畫像掛供於二室樓下東壁。主體部分繪有三尊
護法神，即增盛法帝護法、大黑雄威護法、雄
威法帝護法。上方繪有天眾和五彩祥雲，下方
繪山水和祥雲，山水間還繪有三件周圍飾火焰
的嘎巴拉碗和摩尼寶珠。

圖 40-1　護法神畫像（三）

175

圖40-2　增盛法帝護法

此神居中。黃色身，一面三目二臂。頭戴骷髏冠，褐髮高聳，牛頭忿怒相。赤裸全身，頸掛人頭項鍊，佩飾耳璫、項鍊、臂釧、手鐲、腳鐲，腰圍瓔珞。左手持幢；右手高舉藍色寶劍，寶劍前端飾紅、黃二色火焰。展左立在黃牛背上。身後飾紅、褐二色火焰。

圖40-3　大黑雄威護法

此神位於增盛法帝護法的右側。藍、黑色身，一面三目二臂。頭戴骷髏冠，褐髮高聳，繫紅色束髮繒帶，忿怒相。身著青色右衽大袍，佩飾耳璫、項鍊、臂釧、手鐲、腳鐲。左手捧嘎巴拉碗；右手持藍色槍，槍桿上掛紅色旗幟。騎坐於一青色馬背上。身後飾紅、黃二色火焰。

圖40-4　雄威法帝護法

此神位於增盛法帝護法的左側。藍、黑色身，一面三目二臂。頭戴骷髏冠，褐髮高聳，牛頭忿怒相。赤裸全身，頸掛人頭項鍊，佩飾耳璫、項鍊、臂釧、手鐲、腳鐲，腰圍瓔珞。左手施期克印，並執索；右手舉長柄三尖叉，柄端穿一骷髏頭，並縛一張人皮。展左立在藍牛背上，牛下有一灰色人，仰臥。下為單層覆蓮底座。身後飾紅、黃二色火焰。

圖 40-2　增盛法帝護法

176

圖40-3 大黑雄威護法

圖40-4 雄威法帝護法

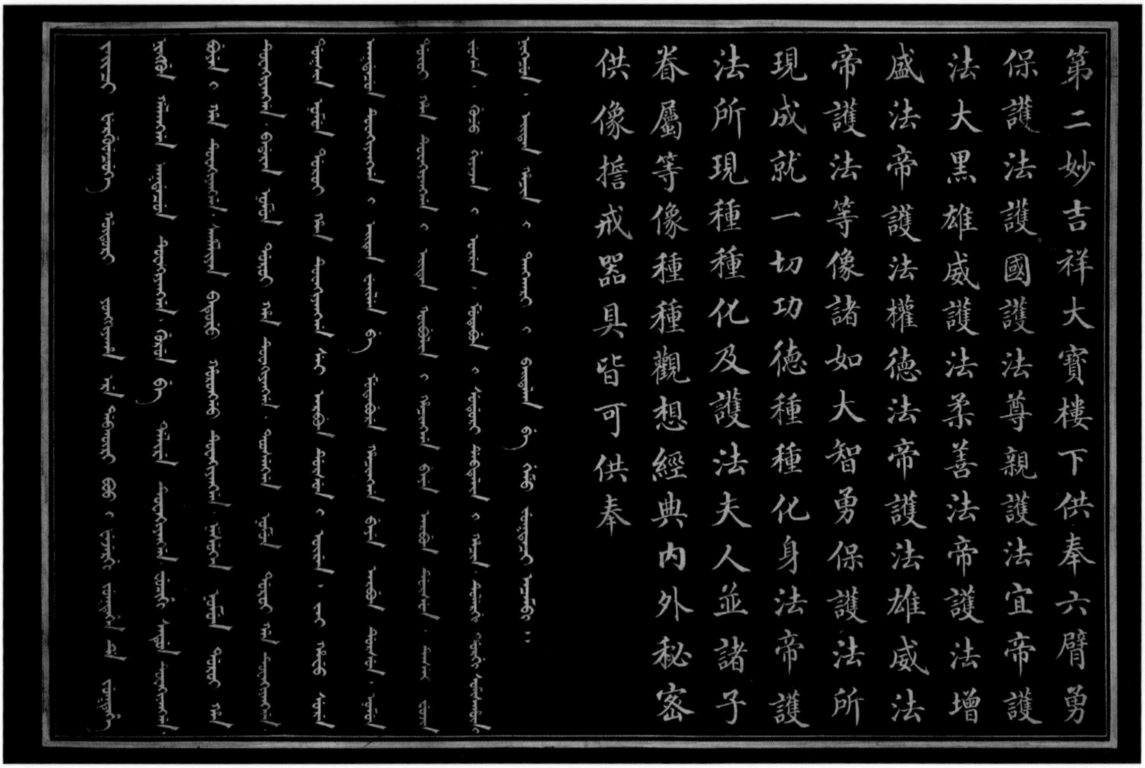

第二妙吉祥大寶樓下供奉六臂勇
保護法護國護法尊親護法宜帝護
法大黑雄威護法柔善法帝護法增
盛法帝護法權德法帝護法雄威法
帝護法等像諸如大智勇保護法所
現成就一切功德種種化身法帝護
法所現種種化及護法夫人並諸子
眷屬等像種種觀想經典內外祕密
供像搭戒器具皆可供奉

圖 41-1　二室樓下西門説語

圖 41　說語

縱 50 公分、橫 73.5 公分（每幅）。

F2XY：1、F2XY：2

說語分別位於二室樓下西門上方和東門上方。磁青紙，泥金字，四周壓硬木框。西門上方的 F2XY：1 說語為漢、滿二體；東門上方的 F2XY：2 說語為蒙、藏二體。

漢文說語

第二妙吉祥大寶樓下供奉六臂勇保護法、護國護法、尊親護法、宜帝護法、大黑雄威護法、柔善法帝護法、增威法帝護法、權德法帝護法、雄威法帝護法等像，諸如大智勇保護法所現成就一切功德，種種化身法帝護法所現種種化及護法夫人並諸子眷屬等像，種種觀想經典內外祕密供像、誓戒器具皆可供奉。

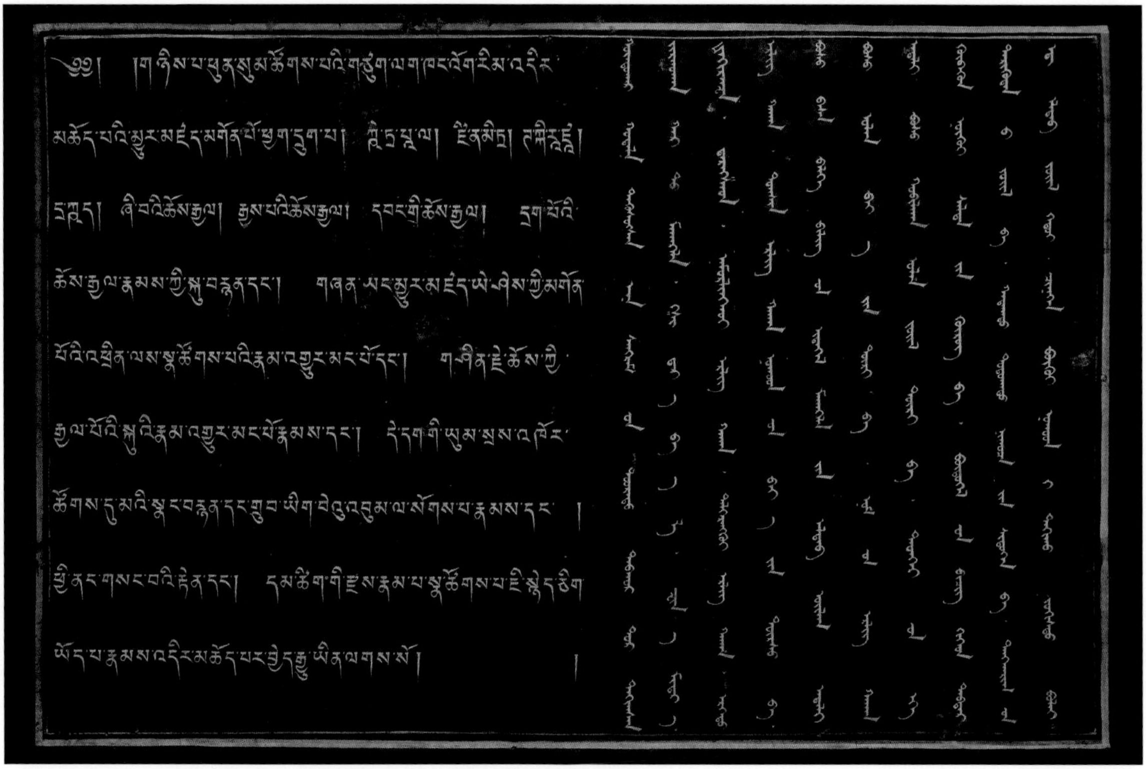

圖 41-2　二室樓下東門說語

三室無上陰體根本品畫像

圖 42　護法神畫像（一）

縱 226 公分，橫 335 公分。

F3XH：1（故 199935 2/3）

畫像掛供於三室樓下北壁。主體部分繪有三尊護
法神，即宮室勇保護法、四面勇保護法、專必尼。
上方繪有天眾和五彩祥雲，下方則繪山水和祥
雲，山水間還繪有三件周圍飾火焰的嘎巴拉碗。

圖 42-1　護法神畫像（一）

圖 42-2　宮室勇保護法

此神位於北壁，居中。藍黑色身，一面三目二臂。頭戴骷髏冠，褐髮高聳，繫紅色束髮繒帶，忿怒相。赤裸全身，頸掛以綠色為邊、白色為地，上繪纏枝花紋的項圈，肩披綠色帛帶，腰束虎皮裙，佩飾耳璫、人頭項鬘、臂釧、手鐲、腳鐲。左手捧嘎巴拉碗，右手握鉞刀，兩肘間夾魔杖。蹲踞於一灰色仰臥之人身上，人下為單層覆蓮底座。身後飾褐、紅二色火焰。

圖 42-3　四面勇保護法

此神位於宮室勇保護法右側。藍黑色身，四面四臂。四面分兩層：上層一面，褐色；下層三面，正中為藍黑色，左為紅色，右為白色。每面均三目，頭戴骷髏冠，褐髮高聳，忿怒相。赤裸全身，肩披綠色帛帶，腰束虎皮裙，佩飾耳璫、人頭項鬘、臂釧、手鐲、腳鐲。左元手捧嘎巴拉碗，右元手持鉞刀；左副手持藍色寶劍，寶劍前端飾紅、黃二色火焰，右副手持長槍。展左立於一白色仰臥人身上，人下為單層覆蓮底座。身後飾紅、黃二色火焰。

圖 42-4　專必尼

此神位於宮室勇保護法左側。藍色身，一面三目二臂。頭戴骷髏冠，褐髮高聳，繫紅色束髮繒帶，忿怒相。赤裸全身，肩披綠色帛帶，佩飾耳璫、項鍊、臂釧、手鐲、腳鐲，腰圍瓔珞。左手舉嘎巴拉碗，右手持鉞刀。舞立於單層覆蓮底座上。身後飾紅、黃二色火焰。

圖 42-2　宮室勇保護法

184

圖 42-3　四面勇保護法

圖 42-4　專必尼

圖43 護法神畫像（二）

縱 226 公分、橫 309 公分。

F3XH：2（故 199959 3/3）

畫像掛供於三室樓下西壁。主體部分繪有三尊
護法神，即僧嘎禮低微、四臂勇保護法、簪植
禮。上方繪有天眾和五彩祥雲，下方則繪山水
和祥雲，山水間還繪有三件周圍飾火焰的嘎巴
拉碗。

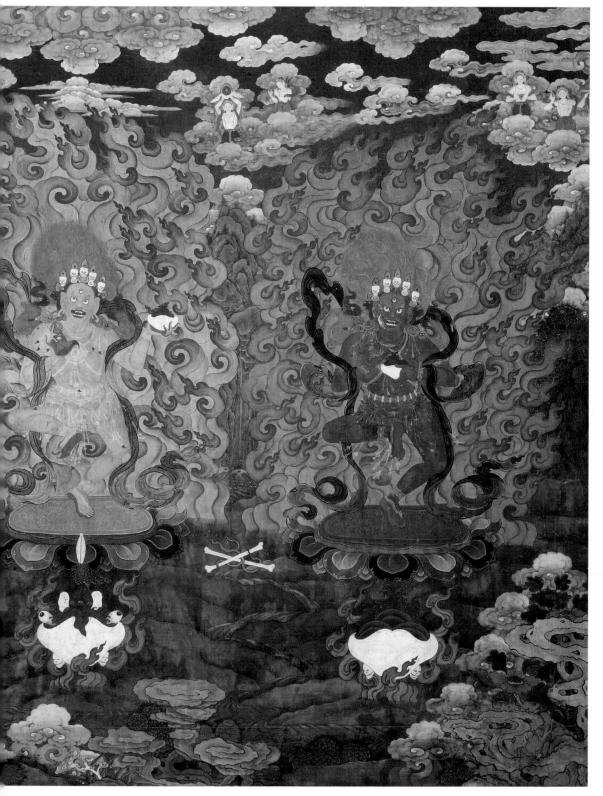

圖 43-1　護法神畫像（二）

圖 43-2 僧嘎禮低微

此神位於西壁,居中。黃色身,一面三目二臂。頭戴骷髏冠,褐髮高聳,繫紅色束髮繒帶,忿怒相。赤裸全身,肩披綠色帛帶,佩飾耳璫、項鍊、臂釧、手鐲、腳鐲,腰圍瓔珞。左手舉嘎巴拉碗,右手持鉞刀。舞立於單層覆蓮底座上。身後飾粉、紅二色火焰。

圖 43-3 四臂勇保護法

位於僧嘎禮右側。藍黑色身,一面三目四臂。頭戴骷髏冠,褐髮高聳,繫紅色束髮繒帶,忿怒相。赤裸全身,頸掛以綠色為邊的白色項圈,腰束虎皮裙,佩飾耳璫、人頭項鬘、臂釧、手鐲、腳鐲。左元手捧嘎巴拉碗,右元手握一尖形果;左副手持藍色寶劍,寶劍前端飾紅、黃二色火焰,右副手持長槍。踞坐於二人背上。二人皆俯臥,一個白色身,一個灰色身。下為單層覆蓮底座。身後飾紅、黃二色火焰。

圖 43-4 簪楂禮

此神位於僧嘎禮左側。綠色身,一面三目二臂。頭戴骷髏冠,褐髮高聳,繫紅色束髮繒帶,忿怒相。赤裸全身,肩披青藍二色帛帶,佩飾耳璫、項鍊、臂釧、手鐲、腳鐲,腰圍瓔珞。左手舉嘎巴拉碗,右手持鉞刀。舞立於單層覆蓮底座上。身後飾紅、黃二色火焰。

圖 43-2 僧嘎禮低微

190

圖 43-3　四臂勇保護法

圖 43-4　簪楂禮

圖 44　護法神畫像（三）

縱 226 公分，橫 309 公分。

F3XH：3（故 1999591/3）

畫像掛供於三室樓下東壁。主體部分繪有三尊
護法神，即婆羅門勇保護法、喇克義西、沙嘛
沙納拔低。上方繪有天眾和五彩祥雲，下方繪
山水和祥雲，山水間還繪有三件周圍飾火焰的
嘎巴拉碗。

圖 44-1　護法神畫像（三）

195

圖 44-2　婆羅門勇保護法

此神位於東壁，居中。灰色身，一面二臂。頭戴骷髏冠，灰髮高聳，繫紅色束髮繒帶，寂靜相。袒露上身，左肩斜披綠色帛帶，著紅地黃花短褲，佩飾耳璫、項鍊、臂釧、手鐲、腳鐲。左手托盛血顱碗，左臂戴一頭骨臂釧；右手舉腿骨號於嘴邊，作吹奏狀，右手還握一鉞刀，右手小指上懸掛一柄藍色寶劍。腰掛金色寶瓶。腿作行走狀，腳下踩一白色人。下為單層覆蓮底座。身後飾棕色火焰。

圖 44-3　喇克義西

此神位於婆羅門勇保護法右側。紅色身，一面三目二臂。頭戴骷髏冠，褐髮高聳，繫紅色束髮繒帶，忿怒相。赤裸全身，肩披綠色帛帶，佩飾耳璫、項鍊、臂釧、手鐲、腳鐲，腰圍瓔珞。左手舉嘎巴拉碗，右手持鉞刀。舞立於單層覆蓮底座上。身後飾紅、黃二色火焰。

圖 44-4　沙嘛沙納拔低

此神位於婆羅門勇保護法左側。為一男一女兩具白色骷髏，皆一面二臂，頭戴鑲寶石頭箍，袒露上身，下身著裙。男性骷髏居右，一面二臂，肩披綠色帛帶，左手托嘎巴拉碗，右手高舉骷髏杖。女性骷髏居左，一面二臂，肩披青色帛帶，左手托金色寶瓶，右手舉麥穗。兩者均舞立，女性骷髏的右腿纏繞男性骷髏的左腿。下為單層覆蓮底座。身後飾紅、黃二色火焰。

圖 44-2　婆羅門勇保護法

196

圖 44-3　喇克義西　　　　　　　　　　　　　　　　　　　　　　　圖 44-4　沙嘛沙納拔低

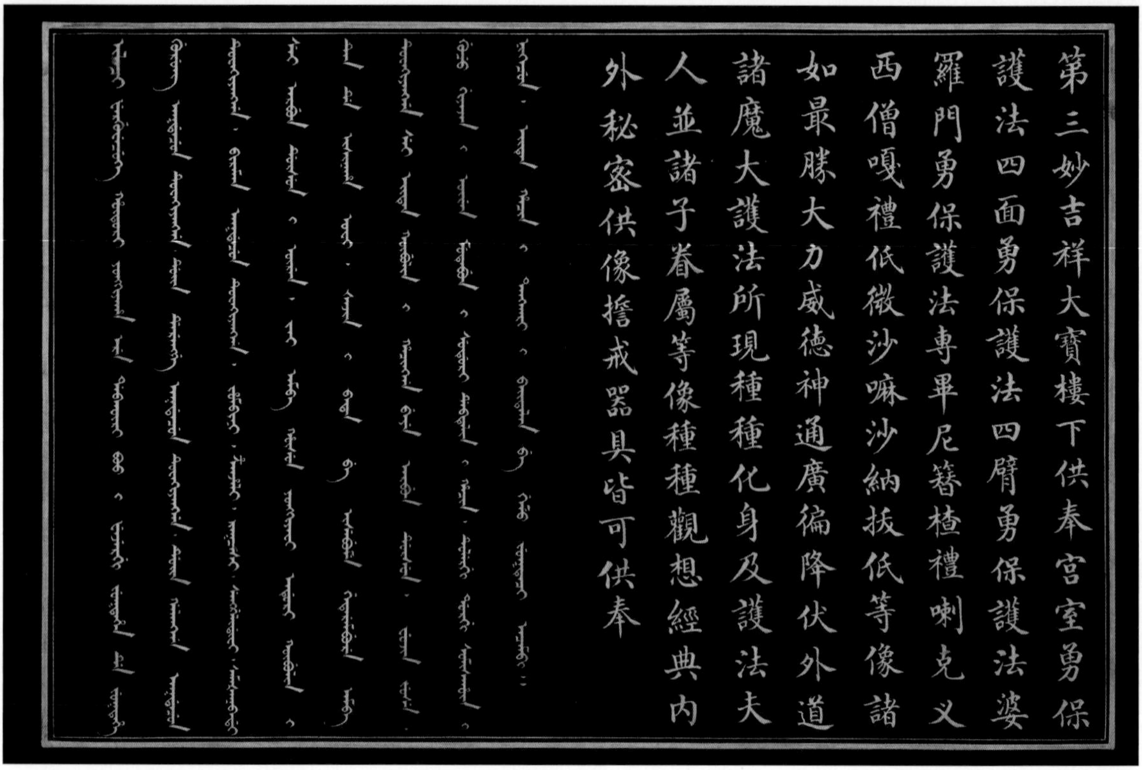

第三妙吉祥大寶樓下供奉宮室勇保
護法四面勇保護法四臂勇保護法婆
羅門勇保護法專必尼簪楂禮喇克乂
西僧嘎禮低微沙嘛沙納拔低等像諸
如最勝大力威德神通廣徧降伏外道
諸魔大護法所現種種化身及護法夫
人並諸子眷屬等像種種觀想經典內
外秘密供像誓戒器具皆可供奉

圖 45-1 三室樓下西門説語

圖 45 說語

縱 50 公分，橫 73.5 公分（每幅）。

F3XY：1、F3XY：2

說語分別位於三室樓下西門上方和東門上方。磁青紙，泥金字，四周壓硬木框。西門上方的 F3XY：1 說語為漢、滿二體；東門上方的 F3XY：2 說語為蒙、藏二體。

漢文說語

第三妙吉祥大寶樓下供奉宮室勇保護法、四面勇保護法、四臂勇保護法、婆羅門勇保護法、專必尼、簪楂禮、喇克義西、僧嘎禮低微、沙嘛沙納拔低等像，諸如最勝大力威德神通廣遍降服外道諸魔大護法所現種種化身及護法夫人並諸子眷屬等像，種種觀想經典內外祕密供像、誓戒器具皆可供奉。

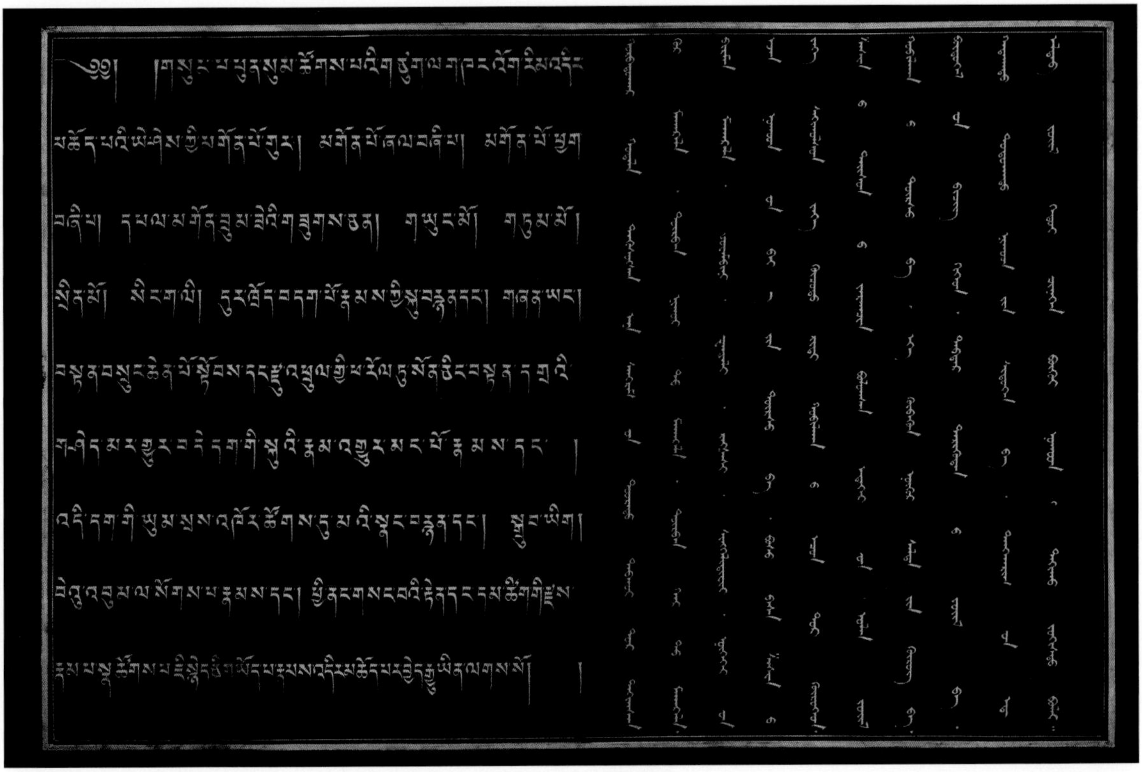

圖 45-2　三室樓下東門說語

四室瑜伽根本品畫像

圖 46　護法神畫像（一）

縱 226 公分，橫 335 公分。

F4XH：1（故 199959 2/3）

此畫像掛供於四室樓下北壁。主體部分繪有三
尊護法神，即吉祥天母護法、柔善天母護法、
增盛天母護法。上方繪有天眾和五彩祥雲，下
方繪山水和祥雲，山水間還繪有嘎巴拉碗和摩
尼寶珠。

圖 46-1　護法神畫像（一）

203

圖 46-2　吉祥天母護法

此神位於北壁，居中。藍黑色身，一面三目二臂，頭戴骷髏冠，赤髮高聳，繫紅色束髮繒帶，忿怒相。赤裸全身，頸掛人頭項鬘，肩披綠色帛帶，身著藍色面子、黃色裡子的披風，腰纏虎皮圍裙，佩飾耳璫、臂釧、手鐲、腳鐲。左手握骷髏頭，右手高舉金剛杵杖。踞坐在鋪有人皮座墊的黃騾背上，黃騾在血海中作前進狀。身後飾黑色火焰。

圖 46-3　柔善天母護法

此神位於吉祥天母護法右側。白色身，一面三目二臂，頭戴五葉冠，高髮髻，繫紅色束髮繒帶，寂靜相。頭後有綠色圓形頭光。肩披暗綠色帛帶，身著右衽白色袍褂，佩飾耳璫、手鐲。左手托金碗，碗內盛滿珠寶；右手舉藍色寶鏡。騎坐在白騾背上。身後飾紅、綠、黃、藍四色祥雲。

圖 46-4　增盛天母護法

此神位於吉祥天母護法左側。黃色身，一面三目二臂，頭戴五葉冠，高髮髻，繫紅色束髮繒帶，寂靜相。頭後有綠色圓形頭光。肩披綠色帛帶，身著右衽紅色袍褂，佩飾耳璫、手鐲。左手托綠色碗，碗內盛滿珠寶；右手舉金色寶瓶。踞坐在黃騾背上。身後飾紅、綠、黃、藍四色祥雲。

圖 46-2　吉祥天母護法

204

圖 46-3　柔善天母護法　　　　　　　　　　　　　　　　　　　　　　圖 46-4　增盛天母護法

圖 47　護法神畫像（二）

縱 226 公分，橫 309 公分。

F4XH：2（故 199935 1/3）

畫像掛供於四室樓下西壁。主體部分繪有三尊
護法神，即值春天母護法、值秋天母護法、權
德天母護法。上方繪有天眾和五彩祥雲，下方
繪山水和祥雲，山水間還繪有嘎巴拉碗和摩尼
寶珠。

圖 47-1　護法神畫像（二）

209

圖47-2　值春天母護法

此神位於西壁，居中。藍黑色身，一面三目二臂。頭戴骷髏冠，黃髮高聳，繫紅色束髮繒帶，忿怒相。赤裸全身，身披人皮，佩飾耳璫、項鍊、臂釧、手鐲、腳鐲。左手舉嘎巴拉碗於嘴邊，作飲血狀；右手執短彎刀。踞坐在白騾背上。身後飾黑色火焰。

圖47-3　值秋天母護法

此神位於值春天母護法右側。黃色身，一面三目二臂。頭戴骷髏冠，黃髮高聳，繫紅色束髮繒帶，忿怒相。赤裸全身，著孔雀羽天衣和圍裙，佩飾耳璫、項鍊、臂釧、手鐲、腳鐲。左手托嘎巴拉碗，右手舉鐮刀。騎坐在梅花鹿背上。身後飾淡藍色火焰。

圖47-4　權德天母護法

此神位於值春天母護法左側。紅色身，一面三目二臂。頭戴骷髏冠，黃髮高聳，繫紅色束髮繒帶，忿怒相。袒胸，身著紅袍，佩飾耳璫、項鍊、臂釧、手鐲、腳鐲。左手施期克印，並持索；右手舉長柄金剛鈎。騎坐在紅騾背上。身後飾綠色火焰。

圖 47-2　值春天母護法

210

圖 47-3　值秋天母護法　　　　　　　　　　　　　　　　　　　　　圖 47-4　權德天母護法

圖 48　護法神畫像（三）

縱 226 公分，橫 309 公分。

F4XH：3（故 199935 3/3）

畫像掛供於四室樓下東壁。主體部分繪有三尊
護法神，即值夏天母護法、雄威天母護法、值
冬天母護法。上方繪有天眾和五彩祥雲，下方
繪山水和祥雲，山水間還繪有嘎巴拉碗和摩尼
寶珠。

圖 48-1　護法神畫像（三）

215

圖 48-2　值夏天母護法

此神位於東壁，居中。紅色身。一面三目二臂。頭戴骷髏冠，黃髮高聳，繫紅色束髮繒帶，忿怒相。袒胸，身著紅袍，佩飾耳璫、項鍊、臂釧、手鐲、腳鐲。左手舉嘎巴拉碗於嘴邊，作飲血狀；右手握金剛鉤。騎坐在紅牛背上。身後飾黑色火焰。

圖 48-3　雄威天母護法

此神位於值夏天母護法右側。藍黑色身，一面三目二臂。頭戴骷髏冠，黃髮高聳，繫紅色束髮繒帶，忿怒相。袒胸，身著灰色面子、紅色裡子、綠色邊、黃花紋大袍，外披人皮，佩飾耳璫、項鍊、臂釧、手鐲、腳鐲。左手握紅色棍，並持索；右手持紅色尖頭杖。騎坐在藍騾背上。身後飾綠色火焰。

圖 48-4　值冬天母護法

位於值夏天母護法左側。藍黑色身，一面三目二臂。頭戴骷髏冠，黃髮高聳，繫紅色束髮繒帶，忿怒相。袒胸，身著青綠色面子、黃色裡子、紅色邊、黃花紋大袍，佩飾耳璫、項鍊、臂釧、手鐲、腳鐲。左手舉嘎巴拉碗，右手舉紅色尖頭杖。騎坐在灰駱駝背上。身後飾紫色火焰。

圖 48-2　值夏天母護法

216

圖 48-3　雄威天母護法　　　　　　　　　　　　　　　　　　　　　　　　　圖 48-4　值冬天母護法

第四妙吉祥大寶樓下供奉吉祥天母
護法柔善天母護法增盛天母護法權
德天母護法雄威天母護法值春天母
護法值夏天母護法值秋天母護法值
冬天母護法等像諸如最勝大力威德
神通廣徧降伏外道諸魔欲界自在天
母護法所現種種化身一切眷屬等像
種種觀想經典內外祕密供像擔戒器
具皆可供奉

圖 49-1　四室樓下西門説語

圖 49　說語

縱 50 公分，橫 73.5 公分（每幅）。

F4XY：1、F4XY：2

說語分別位於四室樓下西門上方和東門上方。磁青紙，泥金字，四周壓硬木框。西門上方的 F4XY：1 說語為漢、滿二體；東門上方的 F4XY：2 說語為蒙、藏二體。

漢文說語

第四妙吉祥大寶樓下供奉吉祥天母護法、柔善天母護法、增盛天母護法、權德天母護法、雄威天母護法、值春天母護法、值夏天母護法、值秋天母護法、值冬天母護法等像，諸如最勝大力威德神通廣遍降伏外道諸魔，欲界自在天母護法所現種種化身、一切眷屬等像，種種觀想經典內外祕密供像、誓戒器具皆可供奉。

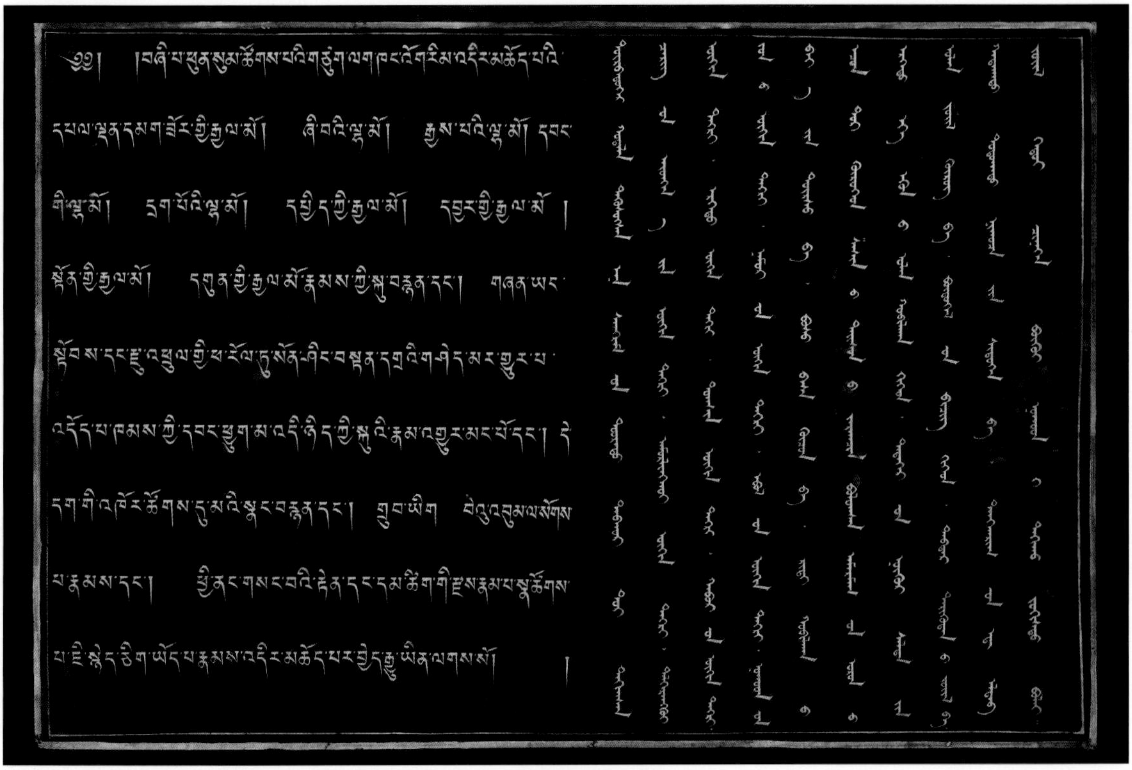

圖 49-2　四室樓下東門說語

五室德行根本品畫像

圖 50　護法神畫像（一）

縱 226 公分，橫 335 公分。

F5XH：1（故 199936 2/3）

此畫像掛供於五室樓下北壁。主體部分繪有三尊護法神，即紅勇保護法、持棒勇保護法、騎虎勇保護法。上方繪有天眾和五彩祥雲，下方繪山水、祥雲、三件火焰環繞的嘎巴拉碗。

圖 50-1　護法神畫像（一）

223

圖 50-2 　紅勇保護法

此神位於北壁，居中。紅色身，一面三目二臂。頭戴骷髏
冠，褐髮高聳，繫黃色束髮繒帶，忿怒相。身穿鎧甲，外
披紅色大袍，腳踏紅色戰靴。左手持紅色人心，左臂彎夾
白色弓箭、藍色長槍；右手高舉黃色寶劍，寶劍前端飾紅
色火焰。展左立，左足下踩一白人，右足下踩一綠馬。下
為單層覆蓮底座。身後飾黑色火焰。

圖 50-3 　持棒勇保護法

此神位於紅勇保護法右側。藍黑色身，一面三目二臂。頭
戴骷髏冠，褐髮高聳，繫紅色束髮繒帶，忿怒相。身著紅
色右衽大袍，外披杏黃色大褂，腳踏紅色戰靴。左手托藍
色缽，缽內盛滿白米；右手持紅色棒，棒頂飾藍色寶珠。
展左立，足下踩一白人。下為單層覆蓮底座。身後飾紅、
黃二色火焰。

圖 50-4 　騎虎勇保護法

此神位於紅勇保護法左側。藍黑色身，一面三目二臂。頭
戴骷髏冠，褐髮高聳，繫紅色束髮繒帶，忿怒相。身著紅
色右衽大袍，外披杏黃色大褂，腳踏紅色戰靴。左手托金
色寶瓶；右手高舉紅色棒，棒頂飾綠色寶珠。展左立於虎
背上。身後飾紅、黃二色火焰。

圖 50-2　紅勇保護法

224

圖 50-3　持棒勇保護法　　　　　　　　　　　　　　　　　　圖 50-4　騎虎勇保護法

圖51　護法神畫像（二）

<u>縱 226 公分，橫 309 公分。</u>

<u>F5XH：2（故 199936 1/3）</u>

畫像掛供於五室樓下西壁。主體部分繪有三尊
護法神，即白財寶天王、黃布祿護法、騎獅大
黑雄威護法。上方繪有天眾和五彩祥雲，下方
繪山水和祥雲。

圖 51-1　護法神畫像（二）

圖 51-2　白財寶天王

此神位於西壁，居中。白色身，一面二臂。頭戴五葉冠，
高髮髻，繫紅色束髮繒帶，濃眉大眼，連腮鬍鬚，微嗔相。
頭後有粉紅色圓形頭光。袒露上身，肩披紅色天衣和紅色
帛帶，下身著紅裙，佩飾耳璫、項鍊、臂釧、手鐲、腳鐲，
赤足。左手於胸前托金色寶瓶，寶瓶上立金剛杵；右手持
金剛鉤。左舒坐於藍獅背上。身後有綠、黃二色身光，繪
金色光線。

圖 51-3　黃布祿護法

此神位於白財寶天王右側。黃色身，一面二臂。頭戴五葉
冠，高髮髻，繫紅色束髮繒帶，濃眉大眼，連腮鬍鬚，微
嗔相。頭後有綠色圓形頭光。袒露上身，肩披紅色帛帶，
胸前斜披紅色絡腋，下身著紅裙，佩飾耳璫、項鍊、臂釧、
手鐲、腳鐲；赤足。左手持灰白色吐寶鼠，右手持石榴。
右舒坐在單層覆蓮底座上，右足下踏白海螺、寶瓶和珠寶
遍地的寶庫。身後有藍、粉紅二色身光，繪金色光線，四
周環繞紅、綠、白、藍、黃五色祥雲。

圖 51-4　騎獅大黑雄威護法

此神位於白財寶天王左側。藍黑色身，一面三目二臂。頭
戴骷髏冠，褐髮高聳，繫紅色束髮繒帶，忿怒相。身著紅
色右衽大袍，外披藍色大褂，腳踏紅色戰靴。左手持紅色
人心；右手舉藍色三尖叉，三尖叉上懸掛一人頭。展左立
於白獅背上。白獅綠鬃、綠尾，張口作咆哮狀。身後飾紅
色火焰。

圖 51-2　白財寶天王

230

圖 51-3　黃布祿護法　　　　　　　　　　　　　　　　　圖 51-4　騎獅大黑雄威護法

圖 52　護法神畫像（三）

縱 226 公分，橫 309 公分。

F5XH：3（故 199936 3/3）

畫像掛供於五室樓下東壁。主體部分繪有三尊
護法神，即白布祿護法、妙舞財寶天王、黑布
祿護法。上方繪有天眾和五彩祥雲，下方繪山
水和祥雲。

圖 52-1　護法神畫像（三）

235

圖 52-2　白布祿護法

此神位於東壁，居中。白色身，一面三目二臂。頭戴五葉冠，褐髮高聳，繫紅色束髮繒帶，濃眉大眼，連腮鬍鬚，微嗔相。祖露上身，肩披綠色帛帶，胸前斜披紅色絡腋，腰纏紅色圍裙，佩飾耳璫、項鍊、臂釧、手鐲、腳鐲，赤足。佩飾耳璫、項鍊、臂釧、手鐲、腳鐲，赤足。左手持灰白色吐寶鼠，左臂彎夾紅色棒，棒頂飾綠色寶珠；右手持藍色三尖叉。右舒坐於龍背上。龍藍色身，白色角，綠色鬃毛，張口回首，右前爪握一紅色寶珠，奔騰在翻滾的海水上。白布祿護法身後飾紅色火焰。

圖 52-3　妙舞財寶天王

此神位於白布祿護法右側。黃色身，三面十六臂。頭戴五葉冠，葫蘆形髮髻，繫紅色束髮繒帶，濃眉大眼，連腮鬍鬚，微嗔相。三面分別為黃、白、藍三種臉色。祖露上身，肩披藍色帛帶，腰纏虎皮圍裙，佩飾耳璫、項鍊、臂釧、手鐲、腳鐲，赤足。左元手持金剛鈴，右元手持金剛杵；左副手自上而下分別持三尖叉、吐寶鼠、幢、幡、嘎巴拉碗、弓、拂塵，右副手自上而下分別持法輪、摩尼寶、蓮花、寶劍、索、箭、金剛鉤。展左立在單層覆蓮底座上。身後飾粉、紅二色火焰。

圖 52-4　黑布祿護法

此神位於白布祿護法左側。藍黑色身，一面三目二臂。褐髮高聳，忿怒相。赤裸全身，左肩斜披絡腋，所佩飾的耳璫、項鍊、臂釧、手鐲、腳鐲均由蛇纏繞而成，赤足。左手持吐寶鼠；右手捧嘎巴拉碗，碗內盛滿珠寶。展左立，足下踩黃色財神。財神仰臥在單層覆蓮底座上，一面二臂，頭戴五葉冠，高髮髻，繫紅色束髮繒帶，濃眉大眼，連腮鬍鬚，微嗔相。赤裸上身，肩披綠色帛帶，下身著褐色裙，佩飾耳璫、項鍊、臂釧、手鐲、腳鐲，赤足。左手持吐寶鼠，右手持幢蓋。黑布祿護法身後飾粉、紅二色火焰。

圖 52-2　白布祿護法

圖 52-3　妙舞財寶天王　　　　　　　　　　　　　　　　　　圖 52-4　黑布祿護法

第五妙吉祥大寶樓下供奉紅勇保護
法持棒勇保護法騎虎勇保護法騎獅
大黑雄威護法妙舞財寶天王白財寶
天王白布祿護法黃布祿護法黑布祿
護法等像諸如善信眾生隨其所欲作
大饒益護法化身及護法夫人並諸子眷
屬等像種種觀想經典內外祕密供
像擔戒器具皆可供奉

圖 53-1　五室樓下西門說語

圖 53　說語

縱 50 公分，橫 73.5 公分（每幅）。

F5XY：1、F5XY：2

說語分別位於五室樓下西門上方和東門上方。磁青紙，泥
金字，四周壓硬木框。西門上方的 F5XY：1 說語為漢、滿
二體；東門上方的 F5XY：2 說語為蒙、藏二體。

漢文說語

第五妙吉祥大寶樓下供奉紅勇保護法、持棒勇保護法、騎
虎勇保護法、騎獅大黑雄威護法、妙舞財寶天王、白財寶
天王、白布祿護法、黃布祿護法、黑布祿護法等像，諸如
善信眾生隨其所欲作大饒益護法化身及護法夫人並諸子眷
屬等像，種種觀想經典內外祕密供像、誓戒器具皆可供奉。

༄༅། །སྐྱབ་སུ་སྲུ་མཆོགས་པའི་ཆུའི་ལག་ཁང་འོག་རིམ་འདིར་མཛེད་པའི།
རྗེས་པ་སྨུ་སྲིང་། མགོན་པོ་བཞིང་། མགོན་པོ་སྒུག་ནོན། རྒྱུད་སྲེལ་འཚེན།
རྣམ་སྲས་གར་མཁའ་ཉམ་མཆོག །རྣམ་སྲས་དཀར་པོ་ཆོ་འཕེལ། རྗེ་སྨུ་ལ།
དཀར་པོ། རྗེ་སྨུ་ལ་སེར་པོ། རྗེ་སྨུ་ལ་ནག་པོ་རྣམས་ཀྱི་སྐུ་བརྙན།
གཞན་ཡང་སྦྱབས་པ་པོ་ལ་འདོད་དགུའི་ཆར་འབེབ་པའི་ཆོ་སྟོང་འདི།
དག་གི་སྐུའི་རྣམ་འགྱུར་མར་པོ་དང་། དེ་དག་གི་ཡུམ་སྲས་འཁོར་ཚོགས།
དུའི་སྲང་བརྙན་དང་གྱབ་ཡིག་ཕྱག་འབྲལ་སོགས་པ་རྣམས་དང་། སྤྱི་ནང་གསང་།
བའི་རྟེན་དང་། དམ་ཚིག་གི་རྫས་རྣམ་པ་སྣ་ཚོགས་པ་རྗེ་སྟེ་ད་རྩིག་ཡོད་པ་རྣམས།
འདིར་མཆོད་པ་ར་བྱེ་དགུ་ཡིན་ལགས་སོ། །

六室功行根本品畫像

圖 54　護法神畫像（一）

縱 226 公分，橫 335 公分。

F6XH：1（故 199943 2/3）

畫像掛供於六室樓下北壁。主體部分繪有三尊護法神，即騎獅黃財寶天王、馬王布祿護法、馬王善滿護法。上方繪有天眾和五彩祥雲，下方繪山水、祥雲和金色寶瓶、五彩摩尼寶珠、白色海螺。

圖 54-1　護法神畫像（一）

圖 54-2　騎獅黃財寶天王

此神位於北壁，居中。黃色身，一面二臂。頭戴五葉冠，
高髮髻，耳後繫紅色束髮繒帶，濃眉大眼，雙目圓睜，嗔
怒相。頭後有桃形綠色頭光，頭光邊緣飾紅色火焰。肩披
綠色帛帶，身著鎧甲，腳蹬戰靴。左手持吐寶鼠，右手持
幢。左舒坐於白獅背上。身後有藍、粉紅二色圓形身光，
繪金色光線，邊緣飾青白色祥雲。白獅褐鬃，褐尾，回首
張口作咆哮狀，臥在單層覆蓮底座上。

圖 54-3　馬王布祿護法

此神位於騎獅黃財寶天王右側。黃色身，一面二臂。頭戴
五葉冠，高髮髻，耳後繫紅色束髮繒帶，濃眉大眼，雙目
圓睜，連腮鬍鬚，嗔怒相。頭後有綠色圓形頭光。肩披青
色帛帶、白色天衣，身著鎧甲，腳蹬戰靴。左手持吐寶鼠，
右手托摩尼寶。跨騎在黃色戰馬背上。身後飾綠、紅、藍、
黃、白、青六色祥雲。

圖 54-4　馬王善滿護法

此神位於騎獅黃財寶天王左側。黃色身，一面二臂。頭戴
五葉冠，高髮髻，耳後繫紅色束髮繒帶，濃眉大眼，雙目
圓睜，連腮鬍鬚，嗔怒相。頭後有綠色圓形頭光。肩披青
色帛帶、紫色天衣，身著鎧甲，腳蹬戰靴。左手持吐寶鼠；
右手托金色寶瓶，瓶蓋上飾火焰寶珠。跨騎在黃色戰馬背
上。身後飾綠、紅、藍、黃、白、青六色祥雲。

圖 54-2　騎獅黃財寶天王

244

圖 54-3 馬王布祿護法

圖 54-4 馬王善滿護法

246

圖 55　護法神畫像（二）

<u>縱 226 公分，橫 309 公分。</u>

<u>F6XH：2（故 199943 3/3）</u>

畫像掛供於六室樓下西壁。主體部分繪有三尊護法神，即馬王真識護法、馬王五樂護法、馬王妙寶護法。上方繪有天眾和五彩祥雲，下方繪山水、祥雲和五彩摩尼寶珠、白色海螺。

圖 55-1　護法神畫像（二）

圖 55-2　馬王真識護法

此神位於西壁，居中。白色身，一面二臂。頭戴五葉冠，高髮髻，耳後繫紅色束髮繒帶，濃眉大眼，雙目圓睜，連腮鬍鬚，嗔怒相。頭後有綠色圓形頭光。肩披青色帛帶，身著鎧甲，腳蹬戰靴。左手持吐寶鼠，右手持藍色彎刀。跨騎在白色戰馬背上。身後飾褐色祥雲。

圖 55-3　馬王五樂護法

此神位於馬王真識護法右側。黃色身，一面二臂。頭戴五葉冠，高髮髻，耳後繫紅色束髮繒帶，濃眉大眼，雙目圓睜，連腮鬍鬚，嗔怒相。頭後有綠色圓形頭光。肩披綠色帛帶，身著鎧甲，腳蹬戰靴。左手持吐寶鼠，右手托宮殿。跨騎在黃色戰馬背上。身後飾綠、紅、藍、白四色祥雲。

圖 55-4　馬王妙寶護法

此神位於馬王真識護法左側。黃色身，一面二臂。頭戴五葉冠，高髮髻，耳後繫紅色束髮繒帶，濃眉大眼，雙目圓睜，連腮鬍鬚，嗔怒相。頭後有綠色圓形頭光。肩披綠色帛帶，身著鎧甲，腳蹬戰靴。左手持吐寶鼠，右手托藍色寶珠。跨騎在黃色戰馬背上。身後飾綠、紅、藍、白四色祥雲。

圖 55-2　馬王真識護法

250

圖 55-3　馬王五樂護法

圖 55-4　馬王妙寶護法

圖 56　護法神畫像（三）

<u>縱 226 公分，橫 309 公分。</u>

<u>F6XH：3（故 199943 1/3）</u>

畫像掛供於六室樓下東壁。主體部分繪有三尊
護法神，即馬王靜住護法、宮毗羅護法、馬畢
資軍茶利護法。上方繪有天眾和五彩祥雲，下
方繪山水、祥雲和五彩摩尼寶珠、白色海螺。

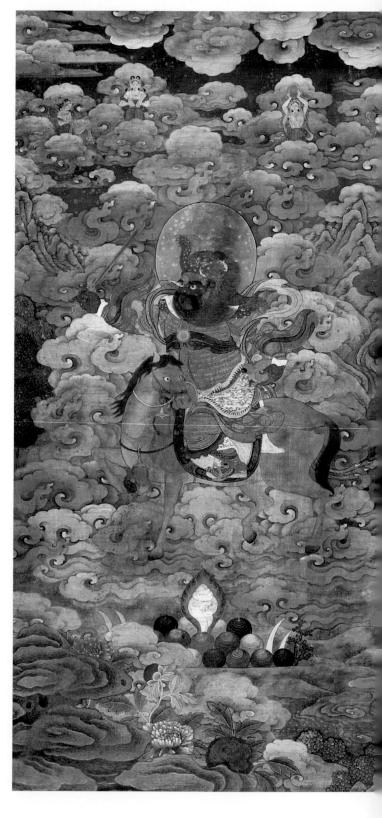

圖 56-1　護法神畫像（三）

圖 56-2　馬王靜住護法

此神位於東壁，居中。藍色身，一面二臂。頭戴紅纓盔，濃眉大眼，嗔怒相。頭後有綠色圓形頭光。肩披藍色帛帶，身著鎧甲，腳蹬戰靴。左手持吐寶鼠，右手持藍色長槍。跨騎在灰色戰馬背上。身後飾褐色祥雲。

圖 56-3　宮毗羅護法

此神位於馬王靜住護法右側。藍色身，一面二臂。頭戴象頭盔，濃眉大眼，嗔怒相。頭後有綠色圓形頭光。肩披綠色帛帶，身著鎧甲，腳蹬戰靴。左手持吐寶鼠，右手舉藍色寶劍。跨騎在青色戰馬背上。身後飾綠、紅、藍、白、青五色祥雲。

圖 56-4　馬畢資軍茶利護法

此神位於馬王靜住護法左側。白色身，一面二臂。頭戴紅纓盔。頭後有綠色圓形頭光。肩披綠色帛帶，身著鎧甲，腳蹬戰靴。左手持吐寶鼠，左臂上繫獸面盾牌，右手舉藍色寶劍。跨騎在白色戰馬背上，背對觀者。身後飾綠、紅、藍、白、青五色祥雲。

圖 56-2　馬王靜住護法

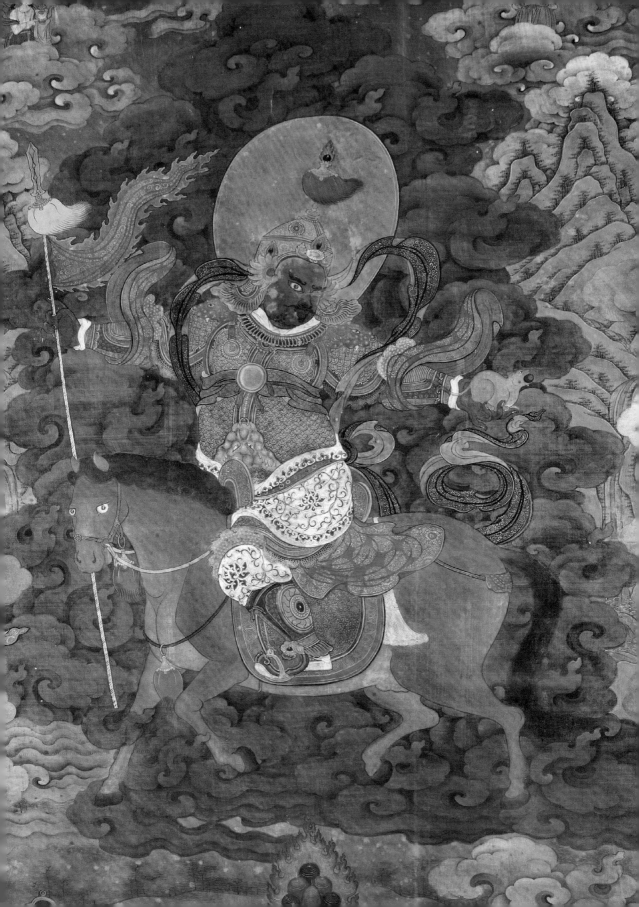

圖 56-3　宮毗羅護法　　　　　　　　　　　　　　　　　　圖 56-4　馬畢資軍茶利護法

第六妙吉祥大寶樓下供奉騎獅黃財
寶天王馬王布祿護法馬王善滿護法
馬王妙寶護法宮毗羅護法馬王真識
護法馬王靜住護法馬王五樂護法馬
畢資軍茶利護法等諸如善信眾生隨
其所欲作大饒益護法化身以及護法
夫人並諸子眷屬等像種種觀想經典
內外秘密供像誓戒器具皆可供奉

圖 57　說語

縱 50 公分、橫 73.5 公分（每幅）。

F6XY：1、F6XY：2

說語分別位於六室樓下西門上方和東門上方。磁青紙，泥
金字，四周壓硬木框。西門上方的 F6XY：1 說語為漢、滿
二體；東門上方的 F6XY：2 說語為蒙、藏二體。

漢文說語

第六妙吉祥大寶樓下供奉騎獅黃財寶天王、馬王布祿護
法、馬王善滿護法、馬王妙寶護法、宮毗羅護法、馬王真
識護法、馬王靜住護法、馬王五樂護法、馬畢資軍茶利護
法等，諸如善信眾生隨其所欲作大饒益護法化身，以及護
法夫人並諸子眷屬等像，種種觀想經典內外祕密供像，誓
戒器具皆可供奉。

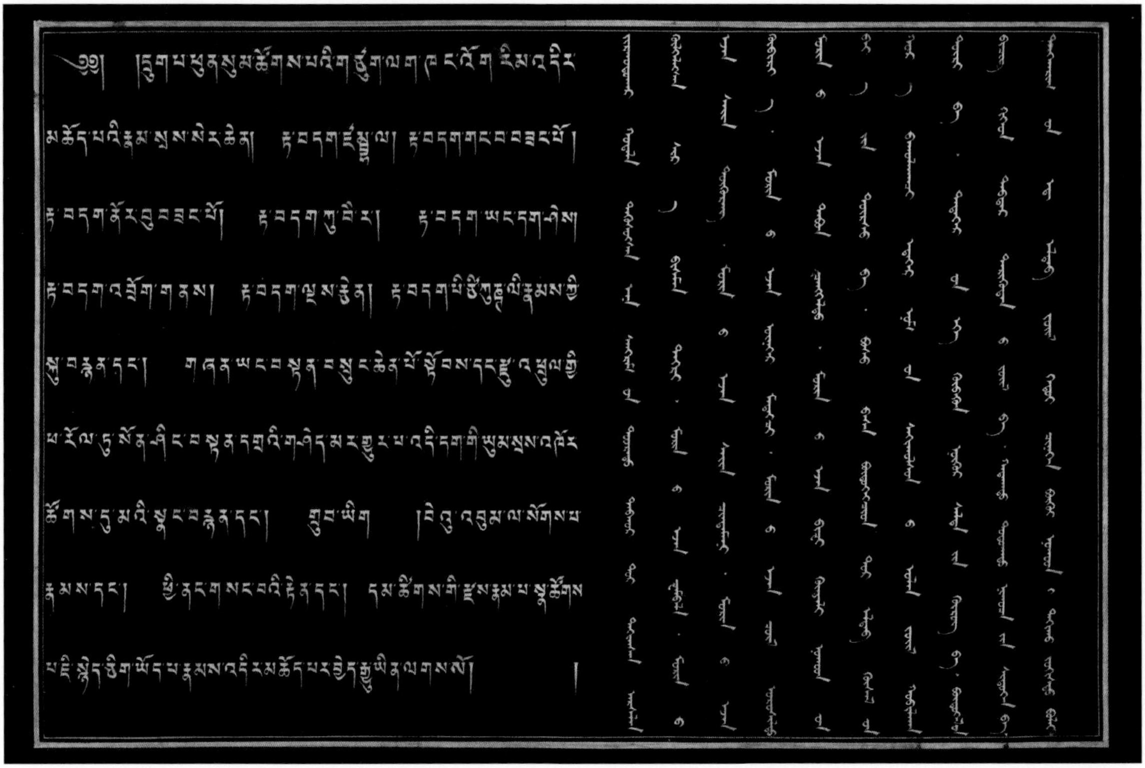

圖 57-2　六室樓下東門說語

五 護法神畫像

梵華樓一至六室樓上供奉六品佛畫像五十四尊，一至六室樓下供奉六品護法神畫像五十四尊。以六品一百零八尊神像，凝煉系統的展現了藏傳佛教龐大神系及諸佛菩薩排列有序、形象豐富多彩的特點。此外還在明間上、下西、東門上、樓下西、東兩端掛供單幅護法神畫像六幅。

圖 58　不動金剛畫像

縱 71.5 公分，橫 100 公分。

F7XH：5（故 200021）

畫像掛供於明間樓下西門上方。畫面正中為不動金剛，藍黑色身，一面三目二臂。頭戴五葉冠，赤髮高聳，繫黃色束髮繒帶，忿怒相。赤裸全身，肩披綠色帛帶，腰束虎皮裙。佩飾耳璫、項鍊、臂釧、手鐲、腳鐲。左手於胸前施期克印；右手高舉藍色寶劍，寶劍前端飾黃色火焰。展左立於覆蓮底座上。身後有紅色圓形放射狀身光，周圍飾以黃、紅二色火焰。蓮座前方擺放一供盤，內盛藍色寶珠、白色海螺、花果等。畫像上方繪有祥雲，兩側及下方繪有山水。

圖 59　手持金剛畫像

縱 71.5 公分，橫 100 公分。

F7XH：4（故 200020）

畫像掛供於明間樓下東門上方。畫面正中為手持金剛，藍黑色身，一面三目二臂。頭戴五葉冠，赤髮高聳，繫黃色束髮繒帶，忿怒相。赤裸全身，肩披綠色帛帶，腰束虎皮裙。佩飾耳璫、項鍊、臂釧、手鐲、腳鐲。左手於胸前施期克印，右手高舉金剛杵。展左立於覆蓮底座上。身後有紅色圓形放射狀身光，周圍飾以黃、紅二色火焰。蓮座前方擺放一供盤，內盛藍色寶珠、白色海螺、花果等。畫像上方繪有祥雲，兩側及下方繪有山水。

圖 58　不動金剛畫像

圖 59　手持金剛畫像

264

圖 60　孔雀佛母畫像

縱 64 公分，橫 71 公分。

F7SH：4（故 199992）

畫像掛供於明間樓上西門上方。孔雀佛母為綠色身，三面
六臂。每面各三目，頭戴五葉冠，葫蘆形髮髻，紅色束髮
繒帶，寂靜相。三面從左至右分別為白、綠、藍三種臉色。
頭後有繫粉色圓形頭光。袒露上身，肩披粉色天衣，下身
著兩層裙，外裙為藍邊灰色，內裙為藍邊紅色。佩飾耳璫、
項鍊、臂釧、手鐲、腳鐲。左元手捧一藍色缽，缽內坐一
佛，右元手施與願印；左副手自上而下分別持拂塵、弓，
右副手自上而下分別持孔雀尾鏢、箭。全跏趺坐於單層仰
蓮底座上。身後有藍色圓形身光，繪金色光線。周圍飾以
花草、祥雲。畫像下半部色彩全部脫落，顯出藍色底布。

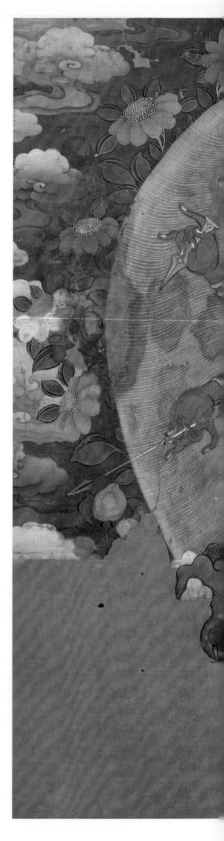

圖 60　孔雀佛母畫像

圖 61　隨求佛母畫像

縱 64 公分，橫 71 公分。

F7SH：5（故 199993）

畫像掛供於明間樓上東門上方。隨求佛母為黃色身，四面
八臂。每面各三目，頭戴五葉冠，葫蘆形髮髻，繫紅色束
髮繒帶，寂靜相。三面從左至右分別為藍、紅、黃、白三
種臉色，頭後有綠色圓形頭光。袒露上身，肩披藍色天衣，
下身著兩層裙，外裙為藍邊褐色，內裙為綠邊紅色。佩飾
耳璫、項鍊、臂釧、手鐲、腳鐲。左元手持索，右元手於
胸前托法輪；左副手自上而下分別持金剛杵、鉞斧、弓，
右副手自上而下分別持藍色火焰寶劍、三尖叉、箭。全跏
趺坐於單層仰蓮底座上。身後有粉色圓形身光，繪黑色光
線。周圍飾以花草、祥雲。寶座前置一供盤，內盛藍色寶
珠及供果等。

圖 61　隨求佛母畫像

圖 62　不動金剛畫像

縱 178 公分，橫 72.5 公分。

F1XH：4（故 200022）

畫像掛供於一室樓下西壁南側。布本，設色，色彩有剝落。不動金剛為黑色身。一面三目二臂。頭戴五葉冠，黃色卷髮高聳，繫紅色束髮繒帶，三目圓睜，忿怒相。袒露上身，肩披綠邊白色帛帶，帛帶上繪有花草，佩飾耳璫、項鍊、臂釧、手鐲、腳鐲，腹前垂掛一條青蛇，腰系虎皮裙。左手掌心朝前，食指上豎，餘四指彎曲；右手執藍色寶劍。展左立於雙層仰覆蓮底座之上。身後有紅色身光，繪金色光線，邊緣飾紅、黃二色火焰。底座前方溪水中生出三枝蓮花，上托供物。

畫像上方正中繪不動佛，青色身，一面二臂。頭戴五葉冠，葫蘆形髮髻，繫紅色束髮繒帶，寂靜相。頭後有綠色圓形頭光。袒露上身，肩披綠色帛帶，下身著紅裙，佩飾耳璫、項鍊、臂釧、手鐲、腳鐲。左手施禪定印，右手施觸地印。全跏趺坐於橢圓形單層覆蓮底座上。身後有粉紅色圓形身光，繪金色光線。不動佛兩邊繪祥雲、天眾。畫像下方繪青山綠水。

圖 62-2　不動金剛畫像

圖 62-3　不動金剛畫像局部

圖63　忿怒金剛手畫像

縱 178 公分，橫 72.5 公分。

F6XH：4（故 200023）

畫像掛供於六室樓下東壁南側。布本，設色。色彩有剝落。忿怒金剛手為黑色身。一面三目二臂。頭戴五葉冠，黃色卷髮高聳，繫紅色束髮繪帶，三目圓睜，忿怒相。袒露上身，肩披綠邊白色帛帶，帛帶上繪有花草，佩飾耳璫、項鍊、臂釧、手鐲、腳鐲，腹前垂掛一條青蛇，腰繫虎皮裙。左手掌心朝前，食指上豎，餘四指彎曲；右手執金剛杵。展左立於雙層仰覆蓮寶座之上。身後有紅色身光，繪金色光線，邊緣飾紅、黃二色火焰。寶座前方溪水中生出三枝蓮花，上托海螺、摩尼寶珠、鐃鈸。

畫像上方正中繪有不動佛，青色身，一面二臂。頭戴五葉冠，葫蘆形髮髻，繫紅色束髮繪帶，寂靜相。頭後有綠色圓形頭光。袒露上身，肩披綠色帛帶，下身著紅裙，佩飾耳璫、項鍊、臂釧、手鐲、腳鐲。左手施禪定印，右手施觸地印。全跏趺坐在橢圓形單層覆蓮底座上。身後有粉紅色圓形身光，繪金色光線。不動佛兩邊祥雲中繪八位天女。畫像下方繪有山水。

圖 63-2　忿怒金剛手畫像

圖 63-3　忿怒金剛手畫像局部

六　佛像墨線圖

繪畫唐卡的程式是：首先在畫布上塗好白粉底，然後打格線，根據格線畫墨線圖，最後敷彩描金。畫師繪製藏傳佛教諸佛菩薩像，需嚴格遵循《造像量度經》規矩，按照經典規定的佛菩薩護法的不同形象、尺度、顏色繪畫。佛像墨線圖是繪畫唐卡的樣本，繪畫的基礎。西藏畫師往往把著名原畫的構圖繪製在最上等的紙上，或刻成木板畫，以便作為範本進行複製。

梵華樓繪畫的唐卡佛像、諸佛菩薩數量眾多、造型複雜。在繪製過程中，每尊神是有精准的墨線圖範本的，可惜今天已看不到了。為了彌補這一缺憾，本書根據一至六室樓上供奉六品佛畫像五十四尊，一至六室樓下供奉六品護法神畫像五十四尊，還原繪製了六品一百零八尊神像墨線圖。墨線圖與彩圖視覺效果不同，流暢的線條清晰靈動，把諸神複雜多變的形象勾勒的明快清晰，以白描的方式，再現了清宮唐卡繪畫藝術的魅力。

▌ 六品佛墨線圖 ▌

一室般若品六品佛

圖 64　釋迦牟尼
圖 65　觀世音菩薩
圖 66　文殊菩薩

圖 64　釋迦牟尼

圖 65　觀世音菩薩

圖66　文殊菩薩

281

圖 67　除諸障菩薩

圖 68　普賢菩薩

圖 69 金剛菩薩

283

圖 70　地藏王菩薩

圖 71　彌勒菩薩

圖 72　虛空藏菩薩

圖 70　地藏王菩薩

圖 71　彌勒菩薩

圖 72　虛空藏菩薩

285

二室無上陽體根本品六品佛

圖 73　密跡不動金剛佛

圖 74　六面威羅瓦金剛佛

圖 75 宏光文殊金剛佛

圖 76　黑敵金剛佛

圖 77　祕密文殊室利佛

圖 78　密跡文殊金剛佛

圖 76　黑敵金剛佛

圖 77　祕密文殊室利佛

圖 78　密跡文殊金剛佛

289

圖 79　紅威羅瓦金剛佛

圖 80　威羅瓦金剛佛

圖 81　大輪手持金剛佛

圖 79　紅威羅瓦金剛佛

圖 80　威羅瓦金剛佛

圖 81　大輪手持金剛佛

三室無上陰體根本品六品佛

圖 82　上樂王佛

圖 83　佛陀嘎巴拉佛

圖 84　白上樂王佛

圖 82　上樂王佛

圖 83　佛陀嘎巴拉佛

圖84　白上樂王佛

293

圖 85　瑜伽虛空佛

圖 86　持兵器喜金剛佛

圖 87　持嘎巴拉喜金剛佛

圖 85　瑜伽虛空佛

圖 86　持兵器喜金剛佛

圖 87　持嘎巴拉喜金剛佛

圖 88　時輪王佛

圖 89　大幻金剛佛

圖 90　佛海觀世音佛

圖 88　時輪王佛

圖 89　大幻金剛佛

圖90　佛海觀世音佛

四室瑜伽根本品六品佛

圖 91　普慧毗盧佛

圖 92　最上功德佛

圖93 金剛界佛

圖 94　法界妙音自在佛

圖 95　成就佛

圖 96　度生佛

301

圖 **97** 密德文殊室利佛

圖 **98** 能勝三界佛

圖 **99** 九頂佛

圖 97　密德文殊室利佛

圖 98　能勝三界佛

圖 99　九頂佛

303

五室德行根本品六品佛

圖 100　宏光顯耀菩提佛

圖 101　佛眼佛母

圖 102　伏魔手持金剛佛

圖 100　宏光顯耀菩提佛

圖 101　佛眼佛母

圖 102　伏魔手持金剛佛

圖 103　白衣佛母

圖 104　黑摧碎金剛佛

圖105 善行手持金剛佛

圖 106　嘛嘛基佛母
圖 107　白馬頭金剛佛
圖 108　青救度佛母

圖 106　嘛嘛基佛母

圖 107　白馬頭金剛佛

圖108　青救度佛母

六室功行根本品六品佛

圖 109　無量壽佛

圖 110　白救度佛母

圖 111　十一面觀世音

圖 112　積光佛母

圖 113　尊勝佛母

圖 114　四臂觀世音

圖 115　綠救度佛母

圖 116　白傘蓋佛母

圖 117　隨求佛母

六品護法神墨線圖

一室般若品護法神

圖118　白勇保護法
圖119　梵王
圖120　帝釋

圖 118　白勇保護法

圖 119　梵王

圖120　帝釋

圖 121　廣目天王

圖 122　持國天王

圖 123　難陀龍王

圖 124　財寶天王

圖 125　增長天王

圖 126　優波難陀龍王

圖124　財寶天王

圖125　增長天王

圖 126　優波難陀龍王

二室無上陽體根本品護法神

圖 127　六臂勇保護法

圖 128　護國護法

圖 129　尊親護法

圖 130　柔善法帝護法

圖 131　宜帝護法

圖 132　權德法帝護法

圖 133　增盛法帝護法

圖 134　大黑雄威護法

圖 135　雄威法帝護法

圖 133　增盛法帝護法

圖 134　大黑雄威護法

圖 135　雄威法帝護法

三室無上陰體根本品護法神

圖 136　宮室勇保護法

圖 137　四面勇保護法

圖 138　專必尼

圖 139　僧嘎禮低微

圖 140　四臂勇保護法

圖141　簪楂禮

331

圖 142　婆羅門勇保護法

圖 143　喇克義西

圖 144　沙嘛沙納拔低

圖 142　婆羅門勇保護法

圖 143　喇克義西

圖 144　沙嘛沙納拔低

四室瑜伽根本品護法神

圖 145　吉祥天母護法

圖 146　柔善天母護法

圖 147　增盛天母護法

圖 148　值春天母護法
圖 149　權德天母護法
圖 150　值秋天母護法

圖 148　值春天母護法

圖 149　權德天母護法

圖 150　值秋天母護法

圖 151　值夏天母護法
圖 152　雄威天母護法
圖 153　值冬天母護法

圖 151　值夏天母護法

圖 152　雄威天母護法

圖 153　值冬天母護法

五室德行根本品護法神

圖 154　紅勇保護法

圖 155　持棒勇保護法

圖156 騎虎勇保護法

圖 157　白財寶天王

圖 158　騎獅大黑雄威護法

圖 159　黃布祿護法

343

圖 160　白布祿護法

圖 161　妙舞財寶天王

圖 162　黑布祿護法

圖 163　騎獅黃財寶天王

圖 164　馬王布祿護法

圖 163　騎獅黃財寶天王

圖 164 馬王布祿護法

圖 165　馬王善滿護法

圖 166　馬王真識護法

圖 165　馬王善滿護法

圖 166　馬王真識護法

圖 167　馬王妙寶護法
圖 168　馬王五樂護法
圖 169　馬王靜住護法

圖 167　馬王妙寶護法

圖 168　馬王五樂護法

圖169　馬王靜住護法

圖 170　宮毗羅護法
圖 171　馬畢資軍茶利護法

圖 170　宮毗羅護法

圖 171 馬畢資軍茶利護法

七 圖版索引

五　護法神畫像

六　佛像墨線圖

國家圖書館出版品預行編目資料

梵華樓藏寶・唐卡 / 故宮博物院 編.
--初版.-- 臺北市：藝術家，2015.09
360面；18.5×24公分.--

ISBN 978-986-282-164-0（平裝）

1.唐卡　2.藏傳佛教　3.圖錄

224.52　　　　　　　104016680

梵華樓藏寶 唐卡
Thangkas in the Sanctuary of Buddhist Essence
故宮博物院 編

撰　　稿　王家鵬、王躍工、文明
拉丁轉寫　羅文華
繪　　圖　楊新成、趙叢山、莊立新
攝　　影　趙山、余寧川
圖片提供　故宮博物院資料信息中心

發 行 人　何政廣
主　　編　王庭玫
編　　輯　鄭清清
美　　編　張紓嘉、吳心如、張娟如
出 版 者　藝術家出版社
　　　　　台北市重慶南路一段 147 號 6 樓
　　　　　TEL：(02) 2371-9692 ～ 3
　　　　　FAX：(02) 2331-7096
郵政劃撥　01044798 藝術家雜誌社
總 經 銷　時報文化出版企業股份有限公司
　　　　　桃園市龜山區萬壽路二段 351 號
　　　　　TEL：(02) 2306-6842
南區代理　台南市西門路一段 223 巷 10 弄 26 號
　　　　　TEL：(06) 261-7268
　　　　　FAX：(06) 263-7698
製版印刷　欣佑彩色製版印刷股份有限公司
初　　版　2015 年 9 月
定　　價　新臺幣 460 元
I S B N　978-986-282-164-0

法律顧問　蕭雄淋

註釋

第一章

1 Bert Hellinger, No Waves Without the Ocean (Heidelberg, Germany: Carl Auer International, 2006).

第三章

1 Arthur C. Clarke, Profiles of the Future: An Inquiry Into the Limits of the Possible (New York: Harper & Row, 1973).

2 Milton Erickson, In the Room with Milton H. Erickson, MD, Vol. 1, (Oct. 3–5, 1979), produced by Jane Parsons-Fein (New York: Parsons-Fein Press, 2014), 12 CD set.

3 Frank W. Stahnisch and Robert Nitsch, "Santiago Ramón y Cajal's Concept of Neuronal Plasticity: The Ambiguity Lives On," Trends in Neurosciences 25, no. 11 (2002): 589–591.

4 Donald Hebb, The Organization of Behavior: A Neuropsychological Theory (New York: John Wiley and Sons, 1949).

5 Norman Doidge, MD, The Brain That Changes Itself: Stories of Personal Triumph from the Frontiers of Brain Science (New York: Penguin Books, 2007).

6　Maxwell Maltz, Psycho-Cybernetics (New York: Simon and Schuster, 1960); P. Lally, C. H. M. van Jaarsveld, H. W. W. Potts, and J. Wardle, "How Are Habits Formed: Modeling Habit Formation in the Real World," European Journal of Social Psychology 40, no. 6(2010): 998–1009.

7　Yildez Sethi, Rapid Core Healing: Pathways to Growth and Emotional Healing (Seattle: CreateSpace, 2016).

8　Kathryn Gudsnuk and Frances A. Champagne, "Epigenetic Influence of Stress and the Social Environment," ILAR Journal 53, no. 3–4 (December 2012): 279–288.

9　Sarah Gangi, Alessandro Talamo, and Stefano Ferrcuti, "The Long-Term Effects of Extreme War-Related Trauma on the Second Generation of Holocaust Survivors," Violence and Victims 24, no. 5 (2009): 687–700.

10　Laura C. Schulz, "The Dutch Hunger Winter and the Developmental Origins of Health and Disease," Proceedings of the National Academy of Sciences of the United States of America (PNAS) 107, no. 39 (September 28, 2010): 16757–16758.

11　Connie X. Wang, Isaac A. Hilburn, Daw-An Wu, et. al, "Transduction of the Geomagnetic Field as Evidenced from alpha-Band Activity in the Human Brain," eNeuro 6, no. 2 (March 18, 2019), doi. org/10.1523/ENEURO.0483-18.2019.

12　Rupert Sheldrake, A New Science of Life: The Hypothesis of Morphic Resonance (Rochester, VT: Park Street Press, 1995).

13 ……波蘭裔的精神治療師奧斯卡·艾斯特巴尼（Oskar Estebany），讓其有一隻……並觀測其變化。這些實驗是在一九六一至一九七二年間進行的……並測量植物的生長與種子的發芽率……

14 B. R. Grad, "A Telekinetic Effect on Plant Growth II. Experiments Involving Treatment of Saline in Stopped Bottles," International Journal of Parapsychology 6 (1964): 473–498.

15 Lynne McTaggert, The Intention Experiment: Using Your Thoughts to Change Your Life and the World (New York: Atria, 2007).

16 University of South Hampton, "Study Reveals Substantial Evidence of Holographic Universe," January 31, 2017, southampton.ac.uk/news/2017/01/holographic-universe.page.

國家圖書館出版品預行編目 (CIP) 資料

情緒檔案柜：利用一個人也能做的心念系統
排列，釐清過去、改寫現在與未來的信念和反
應模式/茱蒂．威爾斯—史密斯 (Judy
Wilkins-Smith)著；趙睿音譯. -- 初版. --
臺北市：遠流出版事業股份有限公司, 2023.03
面；公分
譯自：Decoding your emotional blueprint
ISBN 978-957-32-9989-9（平裝）

1.CST: 情緒 2.CST: 行為態度等

176.5   112000628

情緒檔案柜

利用一個人也能做的心念系統排列，
釐清過去、改寫現在與未來的信念和反應模式

作者｜茱蒂・威爾斯—史密斯
　　　(Judy Wilkins-Smith)
譯者｜趙睿音
主編｜盧春旭
資深副主編｜盧羿珊
行銷企劃｜鍾曼靈
美術設計｜王瓊瑤

發行人｜王榮文
出版發行｜遠流出版事業股份有限公司
地址｜台北市中山北路一段11號13樓
客服電話｜02-2571-0297
傳真｜02-2571-0197
郵撥｜0189456-1
著作權顧問｜蕭雄淋律師
ISBN｜978-957-32-9989-9
2023年3月1日初版一刷
定價｜新台幣450元
(如有缺頁或破損，請寄回更換)
有著作權・侵害必究 Printed in Taiwan

http://www.ylib.com
Email: ylib@ylib.com